ALTDEUTSCHE TEXTBIBLIOTHEK

Begründet von Hermann Paul †
Fortgeführt von G. Baesecke †
Herausgegeben von Hugo Kuhn
Nr. 53

Der Stricker

Fünfzehn kleine Verserzählungen

mit einem Anhang:

Der Weinschwelg

Herausgegeben
von
Hanns Fischer

MAX NIEMEYER VERLAG / TÜBINGEN 1960

Alle Rechte,
auch das der Übersetzung in fremde Sprachen, vorbehalten
Copyright by Max Niemeyer Verlag, Tübingen 1960
Printed in Germany
Satz und Druck: H. Laupp jr, Tübingen

Inhalt

I. Die drei Wünsche	1
II. Das erzwungene Gelübde	11
III. Ehescheidungsgespräch	21
IV. Der begrabene Ehemann	27
V. Das heiße Eisen	36
VI. Die eingemauerte Frau	46
VII. Der Gevatterin Rat	61
VIII. Der kluge Knecht	85
IX. Der nackte Bote	97
X. Der nackte Ritter	108
XI. Die Martinsnacht	113
XII. Der durstige Einsiedel	123
XIII. Der unbelehrbare Zecher	136
XIV. Der Richter und der Teufel	141
XV. Der arme und der reiche König	151
XVI. Der Weinschwelg	158

Einleitung

Die neue Ausgabe Strickerscher Kleinerzählungen, die hier vorgelegt wird, ist als Ersatz für die inzwischen vergriffene Rosenhagensche «Mären»-Edition[1]) gedacht, die vor 26 Jahren in derselben Reihe erschien. Eine bloß nachbessernde Zweitauflage des älteren Bändchens kam angesichts seiner Fehlerhaftigkeit und mangelnden methodischen Konsequenz[2]) nicht in Betracht, und so habe ich Text und Apparat noch einmal ganz neu aus den Handschriften erarbeitet. Zugleich unterzog ich die Textauswahl einer Revision. Das unechte «Schneekind» wurde durch die in den Zusammenhang der Ehegeschichten gehörige «Eingemauerte Frau»[3]) ersetzt; neu aufgenommen wurden weiter zwei charakteristische Beispiele aus der kleinen Gruppe didaktisch-exemplarischer Erzählungen, die noch vorwiegend mit epischen Mitteln gestaltet sind, aber doch schon an der Grenze des Bispels stehen («Der arme und der reiche König» «Der Richter und der Teufel»). Als Anhang folgt der «Weinschwelg», den ich zwar nicht für ein Werk des Strickers halte, der aber nach Überlieferung,

---

[1]) Mären von dem Stricker, Halle 1934 (= ATB 35).

[2]) vgl. Verfasserlexikon (s. Bibliographie) 5, 1070. Alle Widersprüche in Text und Apparat zwischen der alten und der neuen Ausgabe beruhen auf Fehlern Rosenhagens. Ihre Zahl verbot es, sie jedesmal an Ort und Stelle besonders zu bezeichnen.

[3]) Zuerst hrsg. von F. Brietzmann, Die böse Frau in der deutschen Literatur des Mittelalters, Berlin 1912 (= Palaestra 42), S. 1–14.

Thematik und Tenor in seine Nähe zu stellen ist und somit hier in verwandter Umgebung erscheint[4]).

Auch in der Titelgebung bin ich G. Rosenhagen nicht überall gefolgt. Den dadurch bedingten Schwierigkeiten bei der Identifizierung der einzelnen Gedichte soll die folgende Konkordanz begegnen, die auch die abweichenden Titel des «Gesammtabenteuers» F. H. von der Hagens verzeichnet.

	Rosenhagen	von der Hagen
II. Das erzwungene Gelübde	Ehe im Leben und im Tode	Ehe im Leben und Tode
III. Ehescheidungsgespräch	Die Wette	Scheidung und Sühne
VII. Der Gevatterin Rat	Das Bloch	Ehestand, Tod und Hochzeit
VIII. Der kluge Knecht	Der kluge Knecht	Der geäffte Pfaffe
X. Der nackte Ritter	Der bloße Ritter	Der bloßgestellte Ritter
XI. Die Martinsnacht	Die Martinsnacht	Martinsfest
XII. Der durstige Einsiedel	Der durstige Einsiedel	Der Weltheilige
XIII. Der unbelehrbare Zecher	Der Weinschlund	–

Eine Zusammenstellung und Beschreibung der überaus reichen Stricker-Überlieferung verdanken wir K. Zwierzina[5]); Nachträge dazu lieferte H. Niewöhner[5]). Eine tabellarische Übersicht findet sich neuerdings in der Ausgabe der Stricker-Inedita von U. Schwab[5]). Ich begnüge mich deshalb hier mit einer kurzen Erläuterung der verwendeten Siglen.

---

[4]) Da auch die Reihenfolge mit Rücksicht auf inhaltliche Zusammenhänge geändert ist, gebe ich hier eine Nummernkonkordanz (in Klammern die Zählung Rosenhagens): I (1), II (6), III (5), IV (2), V (3), VI (–), VII (4), VIII (10), IX (9), X (8), XI (11), XII (13), XIII (12), XIV (–), XV (–), XVI (–).
[5]) s. Bibliographie.

A = Österreichische Nationalbibliothek Wien Cod. 2705, Pergament, Ende 13. Jh. (enthält alle Stücke mit Ausnahme von Nr. XII)

B = Österreichische Nationalbibliothek Wien Cod. 2885, Papier, 1392 (enthält Nr. I. II. V. VI. IX. X. XI)

C = Badische Landesbibliothek Karlsruhe Cod. 86, Papier, Anfang 16. Jh. (enthält Nr. XV)

D = Sächsische Landesbibliothek Dresden Cod. M 68, Papier, 1447 (enthält Nr. V)

E = Universitätsbibliothek München Cod. 2° 731, Pergament, Mitte 14. Jh. (enthält Nr. I. II. VI. VII. IX. X)

H = Universitätsbibliothek Heidelberg cpg 341, Pergament, Anfang bis Mitte 14. Jh. (enthält alle Stücke mit Ausnahme von Nr. VI und XVI; Nr. VIII ist zudem ein zweites Mal in einer jüngeren Überarbeitung enthalten)

I = Bibliothek des Museums Ferdinandeum Innsbruck Cod. 16.0.9, Papier, 1456 (enthält Nr. I. II. V. VI. VII. IX. X. XI)

K = Metropolitanbibliothek Kálocsa Cod. 1, Pergament, Anfang bis Mitte 14. Jh.⁶) (enthält Nr. I. II. III. IV. V. VII. IX. X. XI. XIV. XV)

L = Fürstlich Fürstenbergische Bibliothek Donaueschingen Cod. 104 (= Laßbergs «Liedersaal»-Codex), Papier, Anfang bis Mitte 15. Jh. (enthält Nr. XI. XV)

M = Bibliothek des Benediktinerstiftes Melk Cod. R 18, Pergament, 14. Jh. (enthält Nr. XV)

N = Bibliotheca Bodmeriana Genf-Cologny, ohne Signatur (?), (früher Fürstlich Dietrichsteinische Bibliothek Nikolsburg Cod. S.I., N. 76) Pergament, 14. Jh. (enthält Nr. XV)

Q = Bayerische Staatsbibliothek München cgm. 273, Papier, 1459 (enthält Nr. XV)

V = Vatikanische Bibliothek Rom Cod. Reg. lat. 1423, Pergament, 1347 (enthält Nr. XV)

---

⁶) Jetzt verschollen; vgl. Beitr. (Halle) 79 (1957) S. 424 Anm. 1.

W = Österreichische Nationalbibliothek Wien Cod. 2884, Papier, 14. Jh. (enthält Nr. XV)
b = Österreichische Nationalbibliothek Wien Cod. 2670, Pergament, 1320 (enthält Nr. IX)
c = Badische Landesbibliothek Karlsruhe Cod. 408, Papier, Anfang bis Mitte 15. Jh. (enthält Nr. XI. XVI)
f = Universitätsbibliothek Innsbruck Cod. 922, Pergament, 14. Jh. (enthält Nr. XV)
n = Thüringische Landesbibliothek Gotha Membr. II 227, Pergament, 14. Jh. (enthält ein Bruchstück von Nr. I: V. 39 bis 178)
p = Gräflich Schönbornische Bibliothek Pommersfelden Cod. 2798, Papier, 1373 (enthält Nr. V)
s^1 = Stadtarchiv Freiburg i. Br. Cod. H 64, Papier, 14. Jh. (enthält Nr. XV)
s^2 = Ehemalige Preußische Staatsbibliothek Berlin Ms. germ. fol. 1097 (jetzt Universitätsbibliothek Tübingen), Papier, 15. Jh. (enthält Nr. XV)
bb = Universitätsbibliothek Leipzig Cod. Ms. 1614 (Fragmentensammelband), Pergament, 14. Jh. (enthält drei kleine Bruchstücke von Nr. XVI: V. 33–38. 77–83. 121–127)
cc = Stadt- und Stiftskirche Römhild, zwei unsignierte Doppelblätter (jetziger Verbleib unbekannt; eine entsprechende Anfrage blieb ohne Antwort), Pergament, 14. Jh.[7]) (enthält Bruchstücke von Nr. I. V)

Die älteste und zugleich reichhaltigste Stricker-Handschrift ist *A*. Sie bietet für die hier herausgegebenen Gedichte fast durchwegs einen guten Text, der in der Herbheit seiner sprachlichen Fügung Merkmale einer gewissen Ursprünglichkeit zu tragen scheint. Er ist jedoch nicht frei von Verderbnissen; an nicht wenigen Stellen weist er sogar Wort- und Zeilenverlust auf[8]). Die

---

[7]) Nähere Angaben fehlen; vgl. ZfdA 74 (1937) S. 73 f.

[8]) vgl. besonders die merkwürdig stark gestörte Überlieferung von Nr. II.

Handschrift *H* zeigt dagegen einen im Versbestand besser erhaltenen, wortreicheren und, aufs Ganze gesehen, wohl jüngeren Text, dessen gefälligere stilistische und rhythmische Gestalt als das Ergebnis einer glättenden Überarbeitung betrachtet werden muß [9]). Schwererwiegende redaktionelle Eingriffe läßt der Text der Handschriften *E* und *B* erkennen, der in einem Falle (Nr. IX) nahezu den Charakter einer selbständigen Fassung hat. Direkte Abhängigkeitsverhältnisse unter diesen vier Textzeugen sind nicht anzunehmen; aber auch die unbezweifelbaren indirekten Beziehungen wechseln von Stück zu Stück, ja manchmal von Vers zu Vers so sehr, daß die Aufstellung eines Stemmas höchst problematisch wäre. Am auffälligsten ist das häufige Zusammengehen von *E* und *B* – kleinere Unterschiede lassen sich aus ihrem zeitlichen Abstand erklären – gegenüber *AH*, aber nicht selten zeigen auch *AE*, *AB* und *HE* unverkennbare Übereinstimmungen; stellenweise steht dann wiederum *A* oder *H* isoliert den übrigen Handschriften gegenüber.

Die Überlieferung *AHEB* bildet die Grundlage meines kritischen Textes; lediglich bei Nr. XV habe ich als Ersatz für *EB* die Handschriften *MW* hier und da zur Textkonstitution herangezogen. Im Gegensatz zu älteren Editionen stützt sich der Text vorwiegend auf die Lesung von *A* [10]); nur wo sie allem Anschein nach verderbt ist, habe ich auf die Lesungen der anderen Handschriften, besonders von *H*, zurückgegriffen und vereinzelt auch Besserungen konjiziert [11]). Ich will nicht verhehlen, daß der glattere, vollere Wortlaut von *H* auch für mich eine Versuchung darstellte; ich war aber, anders als G. Rosenhagen, nach Kräften bemüht, ihr zu widerstehen. Falls sich eines Tages herausstellen sollte, daß der Text von *H* eine vervollkommnete Bearbeitung von des Dichters eigener Hand repräsentiert, so mag man ihn

---

[9]) vgl. vor allem Nr. III.

[10]) Eine Ausnahme bildet der nur in *H* überlieferte »Durstige Einsiedel« (Nr. XII).

[11]) Von rein rhythmischen Besserungen ist jedoch im allgemeinen abgesehen; sie hätten auf allzu unsicheren Boden geführt.

der kritischen Ausgabe zugrunde legen. In jedem Falle problematisch scheint mir jedoch ein rein nach ästhetischen Gesichtspunkten wählender Eklektizismus; er gerät zu leicht in die Gefahr, Zwitter ohne historische Realität hervorzubringen.

Daß über diese Haupthandschriften hinaus noch weitere, zum Teil jüngere Textzeugen in Variantenmitteilungen erschlossen wurden, diente in erster Linie dem Zwecke, das Weiterleben des Strickerschen Wortlauts in zeitlich oder räumlich veränderter Umgebung aufzuzeigen. Dabei konnte mit gutem Gewissen von jenen Handschriften abgesehen werden, die Abkömmlinge oder Verwandte bereits vertretener Textzeugen darstellen [12]. Bedauerlich bleibt, daß die interessante Handschrift *N* (zu Nr. XV) [13] nicht verwertet werden konnte; die Verwaltung der Bibliotheca Bodmeriana versagte in beklagenswerter Engherzigkeit die Genehmigung, sie zu benutzen.

Auch für die sprachlich-grammatische Gestaltung des Textes konnte im allgemeinen *A* mit seinem altertümlichen Laut- und Formenstand maßgeblich sein [14]. Eine gewisse Normalisierung war jedoch dort notwendig, wo mundartliche (bairische) Lautungen und Wortformen dem Strickerschen Sprachgebrauch, soweit wir ihn aus seinen Reimen zu kennen glauben [15], widersprachen. Im Zusammenhang damit wurden auch einige störende Inkonsequenzen der handschriftlichen Lesung – meist graphischer Art – ausgeglichen [16]. Im einzelnen ist der Text in folgender Weise geregelt:

---

[12] Die Siglen der nicht berücksichtigten Handschriften stehen im Apparat in eckigen Klammern. Zur Stellung der Hss. *K* und *I* vgl. K. Zwierzina in: Festschrift Max H. Jellinek, Wien und Leipzig 1928, S. 209–232, u. in: Festgabe Samuel Singer, Tübingen 1930, S. 144–160.

[13] Bei diesem so reich überlieferten Stück mußte ich mich auf eine repräsentative Auswahl der Textzeugen beschränken.

[14] Ausführlich beschrieben von F. Brietzmann, a.a.O., S. 56–73.

[15] s. Bibliographie.

[16] Nr. XII (s. Anm. 10) wurde in seiner äußeren Gestalt den übrigen Stücken angepaßt.

1. Graphisches

Hsl. *e* ist, wo notwendig, durch *ā* oder *œ* wiedergegeben; *u* und *v*, *i* und *j*, sowie gelegentlich verwechseltes *s* und *z* sind nach ihrem Lautwert geschieden. Die labiale Affrikata ist stets *pf* geschrieben; die Schreibung von *c* und *k*, *v* und *f* folgt dem üblichen Schema; Abkürzungen sind aufgelöst (*vn̄* als *und* oder *unde*, je nach den rhythmischen Erfordernissen); graphisch erspartes *u* vor oder nach *w* ist ergänzt. Geregelt ist außerdem die Groß- und Kleinschreibung, die Worttrennung und Wortverbindung, die Interpunktion und die Abschnittgliederung.

2. Lautliches

Hsl. Lautungen sind, soweit nötig, auf (älteren) mhd. Stand zurückgeführt. Im Vokalismus betraf dies vor allem jüngere Diphthonge (*ei*, *ou* aus *î*, *û*) und Monophthonge (*i*, *u* aus *ie*, *uo*) und die oft (z. T. wohl nur graphisch) unterlassene Bezeichnung des Umlauts (besonders von *o*, *ô* und *u*), im Konsonantismus bairisches *ch* statt *c* (*k*). Der schwankende Gebrauch von *d* oder *t* nach *n* und *l* ist zugunsten des häufigeren *d* geregelt. Syn- und apokopiertes *e* ist überall ergänzt (*i* nur in den Suffixen *-ic* und *-isch*, *a* nur in *dar*); überflüssiges *e* ist getilgt. Auf den alten Lautstand zurückgeführt ist schließlich die in *A* selten, in *H* regelmäßig zu *-ie* abgeschwächte Endung *-iu* (auch im Pronomen *diu*).

3. Formen

Auf Grund der Reime sind z. T. gegen hsl. Gebrauch allgemein durchgeführt: von *hân* (Hilfsverb) im Ind. Praes. kontrahierte Formen, im Ind. bzw. Konj. Praet. Formen vom Stamm *hât-* bzw. *hœt-*; von *gân/gên*, *stân/stên* mit Ausnahme des Konj. die *â*-Formen; von *werden* Kurzformen im Ind. Praes. 2. und 3. Pers. Sg. (*du wirst*, *er wirt*); von *quemen/komen* im Ind. Praes. Sg. Formen vom Stamm *kum-*, im übrigen Praes. vom Stamm *kom-*, im Praet. vom Stamm *quam-*, bzw. *quâm-* und *quœm-* (anders beim Kompositum *erkomen;* vgl. VIII, 107. IX, 83); außerdem das Adverbialsuffix *-liche* (gegen hsl. *-lich* und *-lichen*). Ohne die Stütze von Reimbelegen, lediglich auf Grund häufigeren Gebrauchs sind die Doppelformen der mit *ie-* (*nie-*) zusammengesetzten Pronominalsubstantiva, -adjektiva und -adverbia zugunsten der *ie-* (gegen die *i-*) Form vereinheitlicht. Geregelt ist die Verwendung von *ze* (in Senkung) und *zuo* (in Hebung) nach rhythmischen Erfordernissen, ferner von *denne* (nach Komparativ) und *danne* (als Adverbium; so auch *dannoch*). Stets bevorzugt ist bei schwankendem Gebrauch der Handschriften *wenne* (*swenne*) gegenüber *wanne* (*swanne*); *tivel* gegenüber *tievel* (in *H*: *tevfel*); *deiswâr* gegenüber *dêswâr*; *ez* gegenüber *iz*; bei Suffixen: *-ære* gegenüber *-er*; *-est* gegenüber *-ist*; *-ic*, *-isch*, *-ikeit* gegenüber *-ec*, *-esch*, *-ekeit* und *-te* (im Praet. schwacher Verben) gegenüber *-et*. Das Pronomen der 3. Person F. Sg. und MF. Pl. gebe ich nach der Hs. *A* einheitlich als *si* wieder. Der Strickersche Sprachgebrauch ist in diesem Punkte m. E. nicht hinreichend zu sichern (anders urteilt A. Schirokauer, a. a. O., Seite 76f; vgl. Bibliographie).

Die Variantenmitteilung des Apparats [17]) mußte, wenn bei einer so reichen Überlieferung die Lesbarkeit nicht beeinträchtigt werden sollte, auf die Abweichungen in Wortstellung, Wortbestand und Flexionsweise (hier bereits wieder mit Ausnahme der allzu häufigen Erscheinungen) [18]) beschränkt werden. So blieben also außer rein Graphischem und außer Verschreibungen vor allem die zahlreichen jüngeren Lautungen [19]) der Überlieferung unberücksichtigt. Wortabweichungen sind entsprechend nur in Orthographie und Lautung éiner Handschrift (der jeweils erstgenann-

---

[17]) Ich biete sie in systematischer (Textwert), nicht alphabetischer (Handschriftensiglen) Reihenfolge.

[18]) d. h. aller Abweichungen von den oben genannten normalisierten Formen, außerdem der jüngeren flektierten Formen von *ir*. Auf eine Unterscheidung von Schreiber und Korrektor in *E* wurde verzichtet.

[19]) Die Variante *do* gegen *da* (oft in *H* und *E*), im allgemeinen wohl rein lautlicher Natur, ist dort angegeben, wo zweifelhaft sein konnte, ob nicht doch temporale Konjunktion statt lokaler gemeint war.

ten) verzeichnet[20]). Am Zeilenanfang stehende Wörter habe ich im Apparat zur Verdeutlichung mit Majuskel geschrieben, auch wo das dem hsl. Gebrauch nicht entspricht.

Der «Weinschwelg» ist in einer etwas abweichenden Weise behandelt. Mein Text bietet die ältere Redaktion, die durch *A* und das schlecht erhaltene kleine Bruchstück *bb* vertreten wird, und zwar im engen Anschluß an *A*, dessen Lesung frühere Herausgeber öfter ohne Not verlassen haben. Lesungen aus der stark abweichenden jüngeren Redaktion (*c*) in den Text aufzunehmen, wie dies noch E. Schröder[21]) tat, schien mir in Anbetracht der bedeutenden Unterschiede nicht vertretbar, auch wenn sich damit hier und da eine gewisse Glättung der sprachlichen und rhythmischen Fügung hätte erzielen lassen. In der Schreibweise habe ich mich, abgesehen von einigen kleineren Normalisierungen, ebenfalls eng an die Handschrift angeschlossen, ohne die verschiedenen graphischen und lautlichen Inkonsequenzen des überhaupt manchmal etwas willkürlichen Schreibers *β* grundsätzlich zu beseitigen, da ja zu einer äußerlichen Anpassung an die Stricker-Texte keine Notwendigkeit bestand. – Der Apparat verzeichnet hier, da die jüngere Fassung zu kollationieren sinnlos gewesen wäre[22]), nur die wenigen Varianten von *bb* und die Lesungen von *A*, denen ich im Text nicht gefolgt bin; die Herkunft der aufgenommenen Konjekturen ist dagegen nicht eigens vermerkt. Graphisches und Lautliches blieb im allgemeinen ausgeschlossen, doch habe ich an einzelnen Stellen besonders charakteristische Lautungen und Schreibungen der Handschrift mitgeteilt.

---

[20]) Bei Zusammenfassung der Lesart zweier oder mehrerer Handschriften bezieht sich der in Klammern gesetzte Fehlvermerk nur auf das vorausgehende Wort. Im Falle von Wortzusatz ist stets, im Falle von Wortersatz gelegentlich in der Klammer ein Nachbarwort mit angeführt.

[21]) Zwei altdeutsche Schwänke, Leipzig [1]1913, [2]1919, [3]1935.

[22]) Sie ist vollständig abgedruckt in K. Bartschs Beiträgen zur Quellenkunde der altdeutschen Literatur, Straßburg 1886, S. 87–93.

Bibliographie

1. Zur Überlieferung

Konrad Zwierzina, Beispielreden und Spruchgedichte des Strikkers, Mhd. Übungsbuch, hrsg. von C. v. Kraus, Heidelberg ²1926, S. 279–287.

Heinrich Niewöhner, Strickerhandschriften, Beitr. (Halle) 77 (1955) S. 495 f.

Ute Schwab, Die bisher unveröffentlichten geistlichen Bispelreden des Strickers, Göttingen 1959, S. 13–45.

2. Zur Sprache

Karl August Hahn, Kleinere Gedichte von dem Stricker, Quedlinburg und Leipzig 1839, S. IX–XX.

Karl Bartsch, Karl der Große von dem Stricker, Quedlinburg und Leipzig 1857, S. LI–XCVI.

Gustav Rosenhagen, Untersuchungen über «Daniel vom Blühenden Tal» vom Stricker, Diss. Kiel 1890.

Konrad Zwierzina, Mittelhochdeutsche Studien, ZfdA 44 (1900) S. 1–116. 249–316. 345–406 und 45 (1901) S. 19–100. 253–419 (passim).

Arno Schirokauer, Studien zur mittelhochdeutschen Reimgrammatik, Beitr. 47 (1923) S. 1–126 (passium).

K. Waelzel, Reimwörterbuch und Verzeichnis der Reimwörter aus ‹Daniel von dem Blühenden Tal› und dem ‹Pfaffen Amîs› von dem Stricker, München 1926.

Gertraud Eder, Die Reimverhältnisse im Karlsepos von dem Stricker, Diss. Wien 1952.

3. Zur literarhistorischen Deutung

Die deutsche Literatur des Mittelalters. Verfasserlexikon. Hrsg. von W. Stammler und K. Langosch, Berlin 1933–1955, Bd. 4, Sp. 292–299 und Bd. 5, Sp. 1069–1072 (mit weiterer Literatur).

Gabriele Schieb, Das ›Bloch‹, Beitr. 73 (1951) S. 422–429.

Erhard Agricola, Die Prudentia als Anliegen der Strickerschen Schwänke. Eine Untersuchung im Bedeutungsfeld des Verstandes. Beitr. (Halle) 77 (1955) S. 197–220.

I

Die drei Wünsche

Ein man sprach ze sînem wîbe:
«an unser zweier lîbe
tuot got grôze ungenâde schîn,
daz er uns lât sô arme sîn.
5 solde ich unz an mînen tôt
von armuot lîden solche nôt,
ich wolde mich selben tœten ê.
mir tuot diu armuot sô wê,
daz ichn weiz, wie ich gebâren sol.
10 ich bin zornes und leides vol.
ich kan des niht versinnen mich,
daz ich mich iender wider dich
verworht habe oder wider got.
hâstu iender gotes gebot

I. *A* 35 (*Bl.* 24ra – 25rb)   *H* 137 (*Bl.* 265ra – 266va)   *E* 40 (*Bl.* 87ra – 88vb)   *B* 38 (*Bl.* 127rb – 129rb)   *n*   [*K* 130; *I* 35; *cc*]

Überschriften: Ditz ist ain mere ze halten   Von drin wunsch gewalten *H*. Von eim man vñ vō sinē wibe *E*. Ain mer von drein wunschñ *B*.
2 beider *EB*.   3 grozzer vngenaden *A*.   4 svst let *H*, let sus *E*; armen *A*, arm *EB*.   5 Sol *H*; hintz *EB*.   6 grōzze n. *EB*.   7 selb *B*.
8 diu f. *H*.   9 ich enweiz *AHEB*.   11 Ichn *H*.   12 iedert *E*, indᵉˢᵗ *B*.
14 Habest du iendert *EB*.

15 zebrochen, daz solt du mir sagen.
ich hilfe dir die buoze tragen,
unz ich dich ûz dîner schulde
bringe an gotes hulde.»
si sprach: «swaz ich begangen hân,
20 daz hân ich gar mit dir getân.»
er sprach: «sôn ist mir niht bekant,
war umbe uns got habe gepfant
êren und grôzes guotes.
got ist sô rehtes muotes,
25 gerten wirs, als wir solden,
er werte uns swes wir wolden.
wir suln wachen über maht
und biten in tac und naht,
daz er uns gebe michel guot.
30 ersiht er unsern stæten muot
und die grôzen arbeit dar zuo,
die wir spâte unde vruo
mit der bete lîden müezen,
er beginnet uns lîhte büezen.»
35 «daz tuon ich gerne», sprach daz wîp,
«sol ichs verliesen danne den lîp,
sô tuot mir baz ein kurzer tôt,
denne daz ich ein lange nôt
von armuot müeze lîden;
40 die wil ich gerne mîden.»

---

15 Z. maht du mir daz s. *E.*   17 Hintz *EB*; d. diner *AHE*, d. vmb
deī *B.*   18 Wider b. zǔ g. *EB.*   19 waz *EB.*   20 D. ist g. *H*; ich allz
m. *B.*   21 so *HEB.*   22 vns h. got *B*; got *f. E.*   23 Grozzer eren vñ
gùtes *EB.*   24 gerehtes *E.*   25 Gert *HB*; wir sein a. *B.*   26 Er geb
vns swaz (waz *B*) *EB.*   *Nach* 26: Wir sůln die gir nu keren   Mit
alle nach gotes eren *EB.*   27 Vñ s. *EB.*   28 in *f. EB.*   30 Siht *EB.*
31 grozz *B.*   32 Daz w. *A*; beide s. *H.*   33 arbeit *EB.*   34 vns sin
H, sie vns *EB*; lihte *f. B.*   36 Sol ich v. *EB*; danne *f. HEB*; minē
l. *EB.*   37 baz *f. EB.*   38 Daz deñe daz (*f. B*) *EB.*   39 Vor a. *H*;
mueste *n.*

   Sine sûmten sich niht mêre;
   si bâten got vil sêre
   umbe werltliche rîcheit
   und liten michel arbeit.
45 mit wachen und mit vasten
   liezen si ir lîp niht rasten
   mit venje und mit gebete.
   swaz ieman mit gebete tete,
   des liezen si niht under wegen.
50 des begunden si sô lange pflegen,
   unz got ir tumpheit schande
   und in sînen engel sande.
   der quam, dâ er den man vant;
   zuo dem sprach er zehant:
55 ‹du solt niht biten umbe guot.
   got hât sô genædigen muot,
   soldestu guot gehabet hân,
   got hæte dir daz reht getân,
   als er den andern allen tuot,
60 die er læt haben michel guot.
   ich bin der engel, der dîn pfliget.
   daz dir dîn tumpheit anegesiget,
   des verliuse ich mîn arbeit.
   mir ist daz inniclîche leit.›
65 er sprach: ‹daz ich niht guot hân,
   dâ tuot mir got gewalt an.
   ich wære als wol guotes wert,

---

41 Do s. sie ez (sis *B*) *EB*, Sy ensaumten s. *n*. 42 Sie manten *EB*.
44 Sie l. *EB*. 46 Sinen liezen *H*. 45. 46 *fehlen EB*. 47 venien *n*;
Von wachen vñ von g. *EB*. 48 Waz *Bn*. 50 Vñ b. sin (dez *n*) *EBn*.
51 Hintz *EB*. 52 in *f. n*. 55 Dunen *H*. 57 Vnd s. n. 58 Er hete
(hat *B*) dir r. *HEB*. 59 andern recht tvt *H*. 60 michel *f. EB*. 62 die
t. *H*. 64 Daz ist mir i. *HEB;* ist i. daz *A*. 65 gütes *EB*. 66 got *f. n*;
Da hat m. got g. getan *HEB*. 67 Ich bin a. w. *E*, Als wol pin ich *B*;
w. also g. *n*.

    als die er guotes hât gewert.
    gæbe er mirz, sô solde ichz hân;
70 er muoz genâde an mir begân.
    ich bite in iemer umbe guot,
    unz daz er mînen willen tuot.»
    dô sprach der himelische bote:
    «sît du dem oberesten gote
75 niht gelouben wil noch mir,
    sô wil ich guotes geben dir
    noch mêre denne ein michel teil,
    daz du versuochest dîn heil.
    wirstu danne ein arm man,
80 dâ bistu selbe schuldic an.
    habe drîer wünsche gewalt:
    swie dîne wünsche sint gestalt,
    die ersten drî die werdent wâr.
    soldestu leben tûsent jâr,
85 du hâst mêre denne vil,
    ob daz guot mit dir wesen wil.»
    er sprach: «sô bin ich rîche.»
       Er gie vil vrœlîche
    hin heim ze sînem wîbe.
90 er sprach: «unser zweier libe
    hât got ir nôt verendet.
    er hât uns guot gesendet
    mêr, denne wir in gebeten hân.

---

68 Sam *H*; alle die *AHn*.   69 m. so sol ich iz h. *H*, mir ez (mirs *B*) ich sôlt ez h. *EB*, mir sold ichs h. *n*.   70 Ir mvst *H*.   71 b. dich *H*.   72 Hintz er *EB*.   74 den *EBn*.   75 wilt *EBn*. 79 armer m. *H*.   81 Nu hab dir *B*.   82 Wie *Bn*; sin g. *En*.   83 Die wˢrdent alle dri war *EB*.   84 hundert *EB*.   85 So hast du *EB*; me *H*, h. ymmer d. *n*.   86 daz *f. EB*; pei dir *B*; beliben *EB*.   87 nu b. *EB*; so r. *n*.   88 Er gahet (gahte *B*) frôliche *EB*.   90 Er sprach *f. A*, Vnd s. *n*; paider l. *n*.   91 die not erwendet *EB*.   93 Noch mere denne wir g. *EB*.

wir mugen in wol mit vride lân
95 und mugen wol mit vröuden leben.
er hât drî wünsche mir gegeben;
die werdent wâr alle drî.
nu rât, waz uns daz beste sî.
dunket dich daz wol gewant,
100 sô wil wünschen ich zehant
von golde einen grôzen berc
und dar umbe ein sô vestez werc
von einer hôhen mûre guot,
daz uns daz vihe niht entuot.
105 daz wünsche ich zeinem mâle wol.
oder ich wünsche einen schrîn vol,
swie guoter pfenninge ich wil,
der iemer sî gelîche vil,
swie vil ich dar ûz nemen kan,
110 und swem ich dar ûz ze nemen gan,
daz er doch sî gelîche vol.»
dô sprach daz wîp: «ich hœre wol,
wir haben mêre denne vil.
nu tuo des ich dich biten wil.
115 du solt mir einen wunsch geben
und solt niht dâ wider streben;
du hâst genuoc an den zwein.
du weist wol, daz ich mîniu bein

---

94 wol in *A*. *Nach* 94: Vñ bitē in nit mer v̂m gùt Er hot ervollet vnsern mùt *EB*.   95 Wir m. mit *EB*; imm⁸ l. *E*.   99 bewant *EB*.   100 wil ich w. *HEBn*; san z✞ hant *E*.   101 Vol goldes *H*, Volle ein *n*.   102 so ein *n*; veste *E*.   104 D. vns nieman (n. dar an *B*) schaden tùt *EB*.   105 ich zv einem wunsche (mol *n*) *HEn*, ich ains wüschs *B*.   107 Wie *B*; *unleserlich n*.   108 Daz i. *n*; ewikleich *B*.   109 Wie *Bn*; genemen *HB*.   110 Oder *EBn*; wem *Bn*; ichs *E*; ze *f. En*.   112 Daz w. s. *EB*.   113 nu mer *EB*; ze vil *E*.   114 Nu *f. B*; waz ich *n*. *Nach* 114: Durch die trûwe die du mir Leisten solt vñ ich dir *EB*.   116 da w. niht *AHn*; enstreben *n*.

sô vil dar nâch gebogen hân.
120 ez hât got als wol getân
durch mîn gebet sam durch daz dîn:
ein wunsch ist billîche mîn.»
er sprach: «nu habe dir einen
(ich gibe dir mêr deheinen)
125 und sich, daz du in bestatest sô,
daz sîn al diu werlt werde vrô.»
«nu wolde got», sprach si zehant,
«hæte ich daz beste gewant
iezuo an mînem lîbe,
130 daz an deheinem wîbe
in der werlt ie wart gesehen!»
als der wunsch was geschehen,
dô hâte si daz gewant an.
«wê mir wê!» sprach der man,
135 «du vil unsæligez wîp,
du möhtest aller wîbe lîp
vil wol ze dir gekleidet hân
und hætest dannoch baz getân,
wærestu ieman holt gewesen.
140 dîn sêle ist iemer ungenesen,
daz du niemans vriunt gewesen bist.
daz wolde der heilige Krist,
sît du triuwen bist lære,
daz ez dir in dem bûche wære,
145 daz du gewandes würdest sat!»

---

119 Sô *f. EB.* 120 also *HE.* 121 als d. *EBn.* 124 Ichn *H*; me *H*; keinen *En.* 125 Nu s. *EB*; du den *E*; gestatest *A*, stetest *n*; b. wol *HB.* 126 D. ez alle *H*; al *f. E*; Dz wir sein wᵃdn frawdn̄ vol *B.* 127 Do w. *H*, Daz w. *EB.* 129 Allez an *EB*, Iezund *n.* 130 keinem *Hn;* D. an frauwen oder an w. *EB.* 131 Zv dirre (der *E*) w. *HE*; ie *f. A.* 134 We mir s. *n.* 135 seliges *H.* 136 wol a. *H*; frauwen l. *EB.* 137 Vil *f. n*; mit dir *EB.* 138 vᵃre baz *E*, wol paz *B.* 139 Werest iem̄ *Bn.* 141 nieman holt g. *EB.* 143 so l. *EB.* 144 D. dir daz gwant *n*; in deim pauch *B.*

daz wart wâr an der stat:
daz gewant was in dem wîbe.
daz hæte si in dem lîbe
vil nâch erzerret enzwei.
150 vil ungevuoge si dô schrei,
wan ir was wirs denne wê.
si schrei ie mê unde mê.
dô man gehôrte disen schal,
die burger quâmen über al
155 und vrâgeten, waz ir wære.
dô sagete si in daz mære,
daz ir von ir manne geschach.
daz was ir vriunden ungemach;
die dröuweten im mit schalle
160 und sprâchen daz alle:
«lœset ir uns niht daz wîp,
wir nemen iu iezuo den lîp».
si zucten mezzer unde swert
und drungen vaste dar wert.
165 dô er wol hôrte unde sach
beidiu des wîbes ungemach
und sîner vîende drô,
dô machte ers alle samt vrô:
«daz wolde got, unser trôst,

---

148 Vñ het daz *n*; in ierm l. *E*. 149 nahent *n*; gezerret *H*, gerizzen *E*; Vñ het sei gerizzñ nah e. *B*. 150 Wie iemerlich *EB*; dô *f. HEn*. 151 Wand *A*. 152 mer vñ *EB*. 153 Do sie gehorten den schal *EB*. 154 burgern *A*, gebovren *H*, lûte *EB*. 153.154 *umgestellt B*. 155 waz in *B*. 156 Nu seit *EB*. 157 Daz ez ir *H*, Wie ez ir *EB*; dem m. *EB*. 158 irer freunt *n*; vrevden *H*. 159 d. ir *H*; Die drungen zʋ m. sch. *EB*. 160 s. zornklichē alle *EB*. 161 Erlösent ir *B*. 162 iezunt *E*, ietz *B*, iezuo *f. n*. 163 ir m. u. ir s. *H*. 164 da wert *n*. *Statt* 163. 164: Mezzer vñ swert sie zvckten Dar nach her (Auf in *B*) sie do ruckten *EB*. 165 Als er do *EB*, Do er nu *n*. 166 Beide *H;* Sines wibes u. *EB*. 167 Vñ dor zʋ irre frûnde dro *EB*. 168 machters *A*; er sie *EBn*; samt *f. EBn*. 169 Er (Vñ *EB*) sprach d. *HEB*; vnser aller trost *EB*.

170 daz si sanfte würde erlôst,
     daz si gesunt wære als ê.♦
     dône wart ir aber niht mê wê;
     si was der ungenâden vrî,
     und hâten die wunsche alle drî
175 ein schäntlich ende genomen,
     und wâren des ze ende komen,
     daz si niht guotes solden hân.
       Si hâten beidiu missetân;
     doch wart dem man der schulde verjehen.
180 dem was ouch vaster misseschehen.
     daz wart im wol vergolden:
     er wart sô vil gescholden
     und wart sô gar der werlde spot,
     daz er unsern herren got
185 niht anders bat wan umbe den tôt.
     sîn schande was ein grôziu nôt.
     dô wart sîn unwerdikeit
     vil vollieclîche ein herzeleit.
     sîn laster und sîn schande
190 vulden allen in dem lande
     beide naht und tac ir ôren.
     er wart vor allen tôren
     mit den worten ungeschœnet
     und wart sô gar gehœnet,

---

170 were *HE*.   171 Vñ daz *B*.   172 Do *HEBn*; enwart *Hn*; ir niht abˢ me *A*, ir aber niht we (*f. n*) me *Hn*, ir leides nihs (*f. B*) nit me *EB*.   173 ir u. *H*.   175 vnseliges *n*.   176 Nu w. *EB*; si des *HEB*; zende *A*.   177 niht *f. E*; gut *B*.   178 beide *HEB*.   179 Des wart ir schulde v. *EB*.   180 vaste *H*; In wˢ beiden m. *EB*.   181 D. w. dem manne v. *EB*.   182 so gar bescholten *EB*.   183 wart *f. EB*.   184 vnser *A*.   186 schade *HEB*.   187 was *EB*.   188 Vil *f. B*; sein h. *B*.   190 Folten *A*, Svlten *H*, Die fulten *EB*; allen den in *A*, alle in *H*, allem dem *E*, allen *f. B*.   191 Tag vñ naht die o. *E*, Aller lawte o. *B*.   192 fvr a. *A*; Er wer vber ander t. *EB*.   193 den *f. EB*; bedônet *EB*.

195 daz er vor leide verdarp
und durch daz leit vor leide starp.
Swer sô vil guotes noch verlür,
swie grôze klage er dar umbe kür,
ern möhte ez doch volklagen niht,
200 als uns der tôren site vergiht.
unrehtiu gir, unrehtez bejagen,
und nâch verluste unrehtez klagen,
daz ist wan der tôren ahte.
die tôren sint drîer slahte:
205 die niht sinne hânt gewunnen,
die enwizzen noch enkunnen;
die andern wellent wizzen niht,
die sint noch vürbaz enwiht;
sô sint die dritten sinne vol,
210 die kunnen unde wizzen wol
und tuont daz bœseste dâ bî,
swie ez in allez kunt sî.
manic tôre ist des muotes,
ob er vil vriunde und guotes
215 gewinnen und behalden kan,
sô dunket er sich ein wîse man.
swaz vriunde er hât, swie rîche er ist,
und ist der vil heilige Krist
sîn vriunt niht alters eine,
220 sô hilfet ez allez kleine,
swaz er vriunde und guotes hât.

---

196 Vñ von grozzem laid s. *B*. 197 Swer noch so v. g. *A*. 198 Wie *B*; groz leit *EB*; er dan k. *B*; vˢchvr *H*, erkûr *E*. 199 Er *HEB*; mohtez *A*; doch *f. HEB*; vˢklagñ *B*. 200 giht *HEB*. 201 vnrehte b. *H*; klagen *EB*. 202 fluste *AH*; Vnrehte rede vnrehtez sagen *EB*. 203 wan *f. HEB*. 206 Dine (Dinen *H*) wizzen *AH*. 208 noch gar e. *B*. 212 Swie (Wie *B*) wol ez *EB*; im *A*; allen *HE*. 214 vrevde *H*; vñ vil g. *AH*. 215 Gewinnt *B*. 216 wiser *EB*. 217 Waz *B*; vrevde *H*; wi r. *HB*. 218 Ist vnser hᵃre iesus krist *EB*. 219 al eine *A*. 220 ez hart (gar *B*) k. *EB*. 221 Waz *B*.

swenne er vriunde und guot lât,
ist im diu sêle danne ungenesen,
sô ist er ie ein tôre gewesen.
225 swer die sêle niht ernert,
der ist ein tôre, swie er vert.
ez hât nieman wîsen muot,
wan der gotes willen tuot.

---

225 Wer *B*. 226 wie *B*. 227 Ezn *H*. 227. 228 *fehlen E*.
Statt 227. 228: Hie hat daz mer ain ende Got vns alle torhait
wende *B*.

II

Das erzwungene Gelübde

Ein man sprach ze sînem wîbe:
«nu wis nâch mînem lîbe
durch mînen willen âne man.
dâ gewinnestu vil vrumes an:
5 dich lobet diu werlt gelîche
und gewinnest ouch gotes rîche.
dar zuo wil ichz verschulden
sô wol gegen dînen hulden,
daz man nie dienest baz vergalt.
10 ich wil dirz gelden tûsentvalt.»
«ir muget wol grâwen», sprach daz wîp,
«sich mac wol rimpfen iuwer lip,
sît ir vremde swære borget,
daz ir dar umbe sorget,

II. *A* 152 (*Bl.* 115*ra* – 116*rb*)   *H* 135 (*Bl.* 262*va* – 264*ra*)   *E* 49
(*Bl.* 94*va* – 96*va*)   *B* 40 (*Bl.* 131*va* – 133*vb*)   [*K* 128; *I* 37]

Überschriften: Ditz ist ein seltzenes mere   Wie ein man sin wip bat
daz si nach sinē tode ane man were *H*.   Von einē vñ von sinē wibe *E*.
Daz mer vō dē weib an man *B*.

2 bis *EB*.   4 vil dinges *HE*, nutzs *B*.   6 verdienst *H*; doch *A*,
ouch *f. B*.   7 ich iz *H*.   10 dir ez *E*; hvndert v. *H*.   12 rvnpfen *H*.
13 Daz ir *H*.   14 Vñ ir *H*.

15 wie ez nâch iuwerm leben ergê.
ob ez bî iuwerm leben wol stê,
des lobet got vil sêre
und bitet mich niht mêre,
wan daz ich bî iuwerm lîbe
20 âne ander man belîbe,
und nemet daz von mir vür guot.
swaz ir nâch mînem tôde tuot,
dâ sorge ich lützel umbe.
wæret ir niht ein tumbe,
25 ir tætet mir vil rehte alsam.
daz ich mich der rede vür iuch scham
und ir iuch selben niht enschamt,
dâ habet ir rehte tôren amt.»
er sprach: «nu lâ die rede stân.
30 des ich dich dâ gebeten hân,
des enwil ich niht von dir enbern.
wil du michs niht gern gewern,
deiswâr, sô nime ich dir den lîp.
du bist ein unkristen wîp,
35 daz du dich setzest wider mich;
des wil ouch ich mich wider dich
setzen al hie zehant.
nu gip mir ein gewissez pfant,
ob du mich überlebest,
40 daz du die werlt ûfgebest.
des wil ich dich erlâzen niht.

---

15 tode *H*, libe *E*; ge *H*. 16 bi iv lebenden *A*. 17 l. ir *AH*; g. von himel ser *B*. 18 Vmbe mich b. *A*; enbittet *H*; nichtez m. *H*. 22 Waz *B*; mime *A*. 24 gar ein t. *E*, gar t. *B*. 25.26 *fehlen AEB*. 27 selbe *A*, selben *f. B*; des nit schamt *EB*. 28 Des h. *EB*; rehte *f. B*; eis t. *A*, der t. *E*, wol ain t. *B*. 30 dâ *f. B*. 31 Desn *H*; wil ich von dir n. *HEB*. 32 Vñ w. *EB*; mich sin *HEB*; vil g. *H*; gern *f. EB*. 33 Deɪt war *E*, Zwar *B*; ich nime dir *HEB*. 37 S. hie *A*, S. nu al hie *EB*; Mit alle setzen z. *H*. 39 Daz du ob du *E*. 40 Dise (Die *E*) w. mit alle *HE*;ûf *f. H*.

sprichest du dâ wider iht,
swie ez mir dar nâch ergê,
dune sprichest niemer wort mê.»
45 si sprach: «ich wânde, weiz got,
ez wære dîn schimpf und dîn spot.
sît dir der rede ernst ist,
sô gip mir drî tage vrist;
unz wil ich bedenken mich.
50 sô solt ouch du bedenken dich,
waz pfandes sich gevüege,
des dich von mir genüege.»
«Daz wil ich tuon», sprach er,
«ich wil des tages bringen her
55 beide mîn vriunt und die dîn,
daz si der rede geziuge sîn.»
    Dô si die vrist von im gewan,
dâ mit gie si von dan,
dâ si eine ir gevatern vant.
60 der tet si schiere bekant,
daz ir man dar nâch strebete,
ob si in überlebete,
daz si alle man verbære
und als ein nunne wære.
65 «des wil er haben gewisheit,
ez sî mir liep oder leit,
rehte an dem vierden tage vruo.
durch got, nu râtet mir dar zuo!
ob irz iemer muget understân,
70 ich gibe iu allez, daz ich hân.»

---

42 aber dv *H*. 43 Wie *B*; hˢ nach *EB*. 44 Dvnen *H*, Dv *EB*;
gesprichest *AE*; wort nimmˢ *H*. 45 wen *E*. 46 ein sch. u. ein *HE*.
49 Hintz *EB*; U. daz *H*. 50 du auch *EB*. 51 Des p. *B*. 53 tvn
ich gerne s. *H*. 55 Beide *f. EB*; vñ ovch *H*. 56 gezewgñ *B*. 59 eine
f. B. 61 da n. *A*. 64 mv̊te w. *A*. 67 Rehte *f. EB*. 68 rat *EB*.
69 ir ez *EB*; iemer *f. EB*; Mvgt er iz i. u. *H*. 70 halbez daz *EB*.

> ir gevater lachte unde sprach:
> «würde iuwer sælde sô swach,
> daz er iuch des überquæme,
> und daz diu werlt vernæme,
> 75 sô wolde ez danne ein ieslich man.
> daz wil ich wenden, ob ich kan.
> sît vrœlich unde wol gemuot
> und habet iu allez iuwer guot.
> ich lêre iuch daz vergebene,
> 80 daz er iu bî sînem lebene
> einen andern man erloubet.
> daz habet ûf mînem houbet.»
> si hiez si zuo ir sitzen
> und lêrte si mit witzen,
> 85 wie si ir man solde
> überreden swes si wolde.
> si lêrte si vil schiere alsô,
> daz si wart geil unde vrô
> und gar von ungemüete schiet.
> 90 si sanc vor vröuden manic liet.
>
> Des vierden tages quâmen dar
> ir vriunde und des mannes gar.
> dô huop si selbe ir rede an.
> si sprach: «mich bitet mîn man,
> 95 daz ich nâch sînem lîbe
> âne alle man belîbe.
> nu sult ir alle hœren daz,
> ob er daz tuo durch mînen haz
> oder erz durch mîne liebe tuo.
> 100 mir ist deste lieber dar zuo,
> ob erz durch rehte liebe tuot.»

---

74 So daz *H*, Daz v̇ *E*.   75 ietslich *H*, ieglich *EB*.   78 Und *f*. *EB*.
79 gelere *H*, lern *B*; daz *f. EB*.   82 vf min *HEB*.   86 des si *AEB*.
88 Des *AB*.   90 manic *f. B*.   92 vñ ovch *H*.   96 An ander m.
H.   99 ob erz *EB*; mîne *f. EB*.   101 er ez *E*; von reht^s *EB*.

er sprach: «mîn lîp und mîn guot
müeze ich verliesen als ein diep,
du ensîst mir alsô rehte liep,
105 daz ichs durch ganze liebe ger.
und weste ich hiute», sprach er,
«daz du iemer man genæmest mê,
ich stürbe zehen jâr deste ê.»
si sprach: «nu tuo des ich dich bite,
110 dâ bewærest du die liebe mite.
vermît du nâch mir elliu wîp,
sô vermîde ich aller manne lîp,
und wer mich des, des ich dâ ger.»
«daz tuon ich gerne», sprach er,
115 «daz habe ûf mînem lîbe.
ich gewinne ze deheinem wîbe
niemer mêr deheinen muot.»
si sprach: «diu rede ist vil guot.
des gip mir ein gewissez pfant,
120 daz selbe gibe ich dir zehant.»
er sprach: «des pfandes, des du gerst,
daz ouch du mich des selben werst,
des pfandes bin ich gar bereit.»
si sprach: «des swer mir einen eit!»
125 den eit swuor er sâ zestunt.
si sprach: «nu setze drîzic pfunt

---

104 Dvne seist *H*, Dv sist *EB*; reht also *E*. 105 ich d. *A*, ich ez *E*; minne *H*. 106 wesse *A*. 107 nimmer *HE*; g. (nemest *B*) man me *AEB*. 109 nu f. *A*. 110 erwirbest du *B*. 112 mide *EB*. 113 gewer *HEB*; *das zweite* des f. *AHEB*; i. dich wer *H*, i. da beger *E*, i. ger *B*. 115 minen lip *EB*. 116 Daz ich *B*; keinem *HEB*. 117 me *HB*; keinen *HE*. 119 Der g. *H*. 121 s. pfandes des dv *AEB*, s. swaz phandes dv *H*; begerst *E*. 122 du mich auch *EB*; gwerst *A*. 123 vil b. *H*; So bin ich p. dir b. *EB*. *Nach* 124: Ob dv brechest di wahrheit Daz dv pfandes sist bereit Vñ daz (daz du *E*) minen frivnden gebst Vñ da wid" niht enstrebst (strebst *B*) *AEB*. 125 Do s. *A*, Des s. *EB*; da sa *EB*. 126 s. mir d. *B*.

```
          ze widerwette vür den eit,
          ob du brechest die wahrheit,
          daz du diu mînen vriunden gebest
130       und dâ wider niht enstrebest.»
          diu drîzic pfunt satzte er dar
          und tet ir willen alsô gar.
          dô wart si vröuden rîche
          und sprach vil vrœlîche:
135       «ichn weiz dehein gewisser pfant,
          sô daz wir uns scheiden zehant
          mit lîbe und mit guote
          und mit vil guotem muote
          durch got in ein klôster varn.
140       wir enmugen uns niemer baz bewarn.
          sô gelerne ich unz an dînen tôt,
          daz ich danne âne nôt
          âne ander man belîbe.
          sô entwonest ouch du der wîbe
145       unz hin an mînes tôdes vrist,
          daz du rinclîche âne wîp bist.
          des pfandes wil ich niht enbern;
          des sul wir beide ein ander wern.»
          «ouwê!» sprach er, «vrouwe mîn,
150       solde ich dîn selbe âne sîn,
          sô stürbe ich aber hie zehant.
          hæte ich dir umbe daz pfant
          tûsent eide gesworn,
```

  128 dine *H.*   129 du den *A.*   130 strebst *B.*   132 vil gar *H.* 135 Ich *EB*; kein *HE.*   136 scheidē vns *E.*   139 zwei k. *H.*   140 mvgen *HEB*; vns nᵗ *B.*   141 lern *EB*; unz *f. A,* biz *EB.*   142 wol d. *H;* dar nach an alle n. *EB.*   144 dv ovch *HE.*   145 Hintz an *EB.* 146 gwislich *A,* wol *EB.*   148 Des must du mich *B;* gwern *AB.* 149 Awe *B;* fraw nain *B.*   150 Sol *H;* deñe lebender ane d. s. *E,* dann lebñ an dih ain *B.*   *Nach* 150: Da (Vñ *EB*) ich daz (des *EB*) niht erliden chan   Daz du nach mir næmest einen (*f. B*) man *AEB.* 151 stirbe *H.*

die hæte ich alle verlorn.»
155 ir mâge sprâchen sâ zestunt:
«ir müezet uns geben drîzic pfunt,
welt ir den eit niht stæte lân.»
er sprach: «sô nemet swaz ich hân.
der eit mac niht stæte sîn.»
160 si sprach: «daz guot ist halbez mîn.
dâ wil ich pfrüende koufen mite
und leben nâch der nunnen site,
ir sult ouch als ein münich leben.
ir müeset drîzic pfunt geben
165 und bræchet dar zuo iuwern eit:
daz würde ein grôze unwerdikeit.
sô verlürt ir guot und êre
und wæret danne iemer mêre
al der werlde ungenæme
170 und ouch mir sô widerzæme,
daz ichz mit iu niht wâge.»
dô kniete er vür ir mâge
und bat si, swie er kunde,
daz si in der drîzic pfunde
175 durch den rîchen got erliezen
und daz wîp ir zornes hiezen
vergezzen durch die namen drî
und in des eides liezen vrî.
dô sprâchens al gemeine:
180 «sine lâze den eit al eine
und lâze dar zuo ir zorn,
diu drîzic pfunt sint verlorn.»

---

154 Sie wurden a. *H*. 155 sâ *f. B*. 158 wz ih *B*. 165 b. ir (*f. B*) dennoch *EB*. 166 wirt *B*. 167 Sus *E*. 168 w. dennoch *E*, dar zu *B*. 169 Aller *H*, Al *f. EB*. 171 D. ich ez *H*; enwage *H*. 171.172 *umgestellt A*. 173 wie *B*. 175 D. got alle e. *EB*. 178 Vñ daz si in dˢ eide *A*, Die der gothait wont pei *B*. 179 sprachen sie *HEB*; alle g. *HE*. 180 Si *AEB*; entliezze *E*, liezzñ *B*. 181 lazzñ *B*. 182 gar v. *H*. 181. 182 *umgestellt AEB*.

           des swuoren si bî ir lîbe.
           dô gie er zuo dem wîbe
185   und viel ir an ir vüeze
           und bat si durch die süeze,
           diu an ir tugenden wære
           und durch ir schepfære,
           daz si ir zorn varn lieze;
190   er tæte swaz si in hieze.
           der bete nam si niender war.
           dô rief er sînen mâgen dar,
           daz si ir mâge bæten
           und ez danne alle tæten
195   durch got und durch den gotes tôt,
           daz si im hülfen von der nôt.
           des schamten sich sîne mâge.
           sumelicher tet ez trâge;
           dô was ouch der, derz balde tete.
200   doch quâmen si alle zuo der bete
           und bâten im umbe ir hulde.
           si sprach: «ich wil dîne schulde
           niht lâzen, dune büezest mir.»
           er sprach: «vrouwe, ich büeze dir.
205   dâne zwîvel niemer an.»
           si sprach: «du muost mir einen man
           erlouben, des bedenke dich,
           und muost daz lâzen an mich,

---

183 ir *f. B.* 184 gienge *H*, gienc *E*. 185 viel an *A*. 186 ir s. *AE*; Durh ewʳ sit s. *B*. 187 tugent *EB*; waren *H*. 188 scheppfere baren *H*. 189 den z. *B*; varn *f. EB*. 190 Vñ er *E*; waz si h. *B*. 191 niendert *EB*. 192 sein frewdñ *B*. 193 ir frewndñ *B*. 194 si d. *AE*, si ez all *B*. 195 den *f. H*; durh sein tot *B*. 196 vz der *EB*. 198 Etlicher *EB*. 199 der *f. A;* d. der iz gerne tet *H*; Etlicher er ez b. t. *E*, Sümleichˢ ez pald t. *B*. 200 Do *AE*; chomens a. *HB*. 201 b. sie v̂m h. *EB*. 202 ichn *H*; vmbe d. *A*; die sch. *H*. 203 dvnen *H*, du *EB*; enbûzzest *E*. 205 Da gezwifel *EB*; aber n. *H*.

daz ich den neme, swenne ich wil.
210 du maht mir lîhte sô vil
gedienen, daz ichz lâze.
dich dûhte daz unmâze,
ob ich nâch dir næme einen.
nu wil ich dir deheinen
215 verloben bî dînem lebene.»
er sprach: «daz lît vil ebene.
lâ niuwan dînen zorn varn.
du kanst dîn êre wol bewarn.
tuo allez, daz dich dunket guot.»
220 dô lie si slîfen ir muot
und huop in ûf und kuste in.
dô was diu ungenâde hin;
des genâdete er in allen.
er sprach: «mir ist gevallen
225 ein ses von iuwern schulden,
daz ich bin komen ze hulden.
nu wil ich brûtlouft machen.»
des begundens alle lachen,
daz im diu schande geschach
230 und er doch sælden dar an jach.

 Er machte eine hôchzît
und hâte die hûsvrouwen sît
an allen dingen deste baz,
daz si ir zornes vergaz
235 und ander man verbære,
die wîle er lebende wære.

---

209 wenn *B*.   211 ich ez *HE*.   212 ein vmazze *E*.   214 keinen *H*, dekeinen *E*.   217 niht wan *H*, niûr *E*, newr *B*.   219 dûnke *EB*. 220 liez *H*; fliehn̄ *B*.   221 Sie h. *EB*; h. vf *A*, hils in *B*.   223 danket *EB*.   224 Si s. *A*; nv ist ez mir *H*.   225 selt *H*, sele *E*; vmb ewr sch. *B*.   227 brûtlauf *E*, hohzeit *B*.   228 begonden sie *E*.   229 sôlich sch. *EB*.   230 Do er *A*; doh selber *B*; dar an *f. EB*.   236 lebendich *AB*.

    des dûhte in gar ze lützel ê,
    nune gerte er von ir nihtes mê.
    si lebeten vrœlîche sît
240 und hâten nie deheinen strît.
    er tet allez, daz si wolde.
    dô tet si swaz si solde;
    si beswærten beide ein ander nie.
    dô er si leides erlie,
245 dô erlie si in aller swære.
    sus endet sich daz mære.

---

237 gar *f. B.* **238** Nu *HEB*; begert *E*; niht me *B.* **239** m^t froleichē sit *B.* **240** nie *f. AEB*; keinen *HEB*; wider strit *E*, vnfrid *B.* **241** t. swaz *E*, t. waz *B.* **242** als sie s. *EB.* **243** beide *f. EB.* **245** erliez *H.* **246** Svst *H*, Hie *B.*

III

Ehescheidungsgespräch

Ein man sprach ze sînem wîbe:
«wænest du, daz ich bî dir belîbe
iemer allez mîn leben?
niht! ich wil dir urloup geben
5 von hiute über ein jâr.
wir müezen uns scheiden, daz ist wâr,
von hiute über vierzic wochen.
ich hân missesprochen:
ir werdent niuwan drîzic.
10 ich bin des gerne vlîzic,
daz ez in zweinzigen ergê.
ez geschiht, weiz got, michels ê,
wan ich ez in sechzehen tuon wil.
dannoch wirt ir niht sô vil:
15 ez muoz in zwelfen geschehen.
ich wil dich selben lâzen sehen,
daz ez in zehen wochen geschiht.

III. *A* 205 (*Bl.* 152rb – 153ra)   *H* 136 (*Bl.* 264ra – 265ra)   [*K* 129]
Überschrift: Ditz mere ist von man vn̄ von wibe   Die bie ein ander
woldē niht belibē *H*.
4 Niht *f. H*.   5 Noch h. *H*.   9 w. vil chovme d. *H*.   15 Wan iz
m. *H*.   16 selbe *H*.

>   dannoch wirt ir sô vil niht:
>   ez muoz in ahten ergân.
> 20   ez wirt noch michels ê getân:
>   ez wirt in sechsen geendet.
>   sô wirde aber ich geschendet:
>   ir müezen niuwan vier sîn.
>   und behalde ich den lîp mîn,
> 25   ez geschiht über vierzehen naht.
>   ez wirt noch nâher gemacht:
>   ez geschiht in siben tagen.
>   in wirt noch mêre abegeslagen:
>   der tage werdent niuwan drî.
> 30   du bist mir sô leide bî,
>   daz wir uns scheiden morgen.
>   ich bin in grôzen sorgen,
>   wie ich bî dir belîbe disen tac.
>   des ich getuon niht enmac:
> 35   du muost iezuo von mir.
>   den tîvel sach ich an dir,
>   daz ich ie sô lange bî dir beleip,
>   daz ich dich von mir niht entreip.
>   du bist bœse unde arc,
> 40   übel geschaffen unde karc,
>   du bist gerumpfen unde swarz,
>   dîn âtem smecket als ein harz,
>   du bist aller wîbe unêre,
>   du schadest der werlde sêre.
> 45   die liute engeldent alle dîn,
>   daz si alle unsælic müezen sîn.
>   mir wart nie bœser wîp kunt.

---

18 Irn w. idoch *H.*   20 Vn̄ w. *H.*   21 mit s. *H.*   23 Irn svln *H.*
24 Behalt aber *H.*   26 Vn̄ w. *H.*   27 disen s. *H.*   28 mêre *f. A*, me *H.*
30 also swere bi *H.*   31 Wir mvzen vns sch. *H.*   34 Daz ich *H.*
35 Wan dv *H.*   36 Sach ich d. t. *H.*   40 gestalt *H.*   42 Din arme
smeckent *H*; arz *A.*   43–47 *fehlen A.*

der mir gæbe drîzic pfunt,
daz ich unz morgen bî dir wære,
50 diu wæren mir unmære.
mir grûset, swenne ich dich sehen sol.
hæte ich pfenninge einen sac vol,
die gæbe ich âne swære,
daz ich ein mîle von dir wære.
55 wære ich von den ougen dîn,
wære allez ertrîche mîn,
daz wolde ich allez dar umbe geben,
wan ich behalde anders niht mîn leben.»
dâ wider sprach aber daz wîp:
60 «ez müese, sam mir mîn lîp,
an ein scheiden iezuo gân,
wan daz ich mich bedâht hân:
wir suln unz morgen ensamt wesen;
und trûwestu sîn niemer genesen,
65 wir sîn noch ensamt siben tage.
du gihest, wie übel ich dir behage;
daz wirt an dir errochen:
wir sîn noch ensamt zwô wochen.
der wochen werdent noch wol drî.
70 diu vierde woche ist ouch dâ bî
und diu vünfte dar zuo.
swie wê ez dînem lîbe tuo,
diu sechste woche muoz her.
swie dir dîn herze dar umbe swer,
75 ich wil dich siben wochen hân.
die achten wil ich dich niht lân

48–50 *fehlen* A. 51 grvlet daz ich H. 54 wile A. 57 ich gerne H.
58 Wan *f.* H; a. nimmˢ H. 59 s. do d. H. 63 samt A, entsamt H.
64 Sold aber dvs n. H. 65 samet H. 67 gerochen H. 68 samet Hi
Statt 69. 70: Des war ir werdent wol dri Die vierde mvz do wesen b.
H. 71 Vñ dannoch d. H; da zv̾ A. 72 wê *f.* A. 73 m. ovch H.
75 w. die s. H.

und dar zuo die niunden.
mit allen dînen vriunden
maht du des niht werden vrî,
80 ichn sî dir zehen wochen bî.
die einleften lâze ich dich niht.
ob man dich tôt vor leide siht,
ich wil dîn zwelf wochen pflegen.
dir möhte ein keiser niht gewegen,
85 dune sîst drîzehen wochen mîn.
diu vierzehende muoz dâ mit sîn
und diu vünfzehende als wol.
dîniu ougen sint mîn niht sô vol,
dune müezest mich sechzehen wochen sehen.
90 ir muoz noch michels mê geschehen:
diu sibenzehende muoz dar
und diu ahtzehende alsô gar,
dar zuo diu niunzehende.
wirde ich der wârheit jehende,
95 sô gesagete ich dir rehter nie:
du bist noch zweinzic wochen hie
und zweinzic wochen dar nâch.
dir ist von mir nie sô gâch,
dune kumest niemer von mir,
100 der tôt enscheide mich von dir.
du muost leisten mîn gebot.
ez enmac der tîvel noch got
noch al diu werlt widertuon.
ich zerbriche dich rehte als ein huon,
105 sprichestu ein wort dâ wider.»

---

80 Ich *A*. 82 d. toten ligen s. *H*. 84 Dirn *H*. 85 Dv *A*. 87 also *H*. 88 Din o. *H*; m. nie *A*. 89 Dv *AH*. 90 Deswar ez m. *H*; michel *A*, michels *f. H*. 91 m. ovch *H*. 93 Vñ da zv *H*. 95 rechte *H*. 98 Dirne sei v. m. ninder so g. *H*. 99 Ich bin immer mit dir *H*. 100 scheide *AH*; dich v. mir *H*. 102 Daz e. *H*. 103 alle d. *H*. 105 Sprichest *AH*; einez wort *A*.

do neicte er sich dâ nider
und suochte ir hulde umbe daz,
daz er genæse deste baz:
«ichn weiz, waz ich geredet hân.
110 vrouwe, du solt den zorn lân,
wan ich bin trunken disen tac,
daz ich mich niht versinnen mac.
ichn weiz, waz ich dir büezen sol.
sprach ich iht anders denne wol,
115 daz geschach gar von dem wîne;
des enpfâh die triuwe mîne.
sô helfe mir unser herre Krist,
du wære mir ie und iemer bist
rehte als mîn selbes lîp.
120 ichn gesach nie dehein wîp
bezzer noch baz geschaffen.
ezn möhten alle pfaffen
dîn tugende niht volschrîben.
du bist vor allen wîben
125 sam diu sunne vor den sternen.
die vrouwen solden lernen
dîn tugent alle gemeine.
ich gesach nie wîp sô reine.
dîn name swebet vor gote obe
130 allen wîben mit lobe,
die man iender künde vinden
under allen Adâmes kinden.
dîn vil minniclicher lîp
der machet sælic elliu wîp.

Statt 109–111: Er sprach dv solt dinen zorn lan Ichn weiz waz ich gesprochen han Ich bin so trvnken disen tack *H*. 114 S. ich v vbel oder wol *H*. 115 Daz waz g. *H*: geschach allez v. *A*. *Statt* 119. 120: Als lip sam min eigen lip Ezn wart nie vrowe noch wip *H*. 123 tvgent *H*. 128 Ezn wart n. *H*. 129 Die n. scheinet *H*. 130 A. den vrowen *H*. 131 indert *H*. 133–134 *fehlen A*.

135 diu werlt solde elliu wesen dîn.
dune möhtest niemer bezzer sîn.
got enwart nie bezzer wîp kunt.
du soldest junc und gesunt
iemer êwiclîche leben!»
140 si sprach: «nu sî dir vergeben
swaz du ie getæte wider mich.»
iesâ kusten si sich.
hie nam der zorn ein ende.
er vie si bî der hende
145 und wîste si an ein bette hin;
dâ ergie ein suone under in,
diu grôze vröude machte.
ir ietwederez lachte,
ê daz si schieden von dem bette.
150 si kusten sich ze wette
und sungen ein liet ze prîse
in einer hôhen wîse.

135–138 *fehlen A.* 141 ie gete w. *H.* 143 Do n. *H.* 145 wistes an *H.*
146 Do e. *H.* 148 Sie lachte vn̄ er lachte *H.* 149 Do sie sch. *H.*
152 vil h. *H.*

IV

Der begrabene Ehemann

    Ein man sprach wider sîn wîp:
«du bist mir liep als der lîp.
zewâre wærest du mir
sô rehte holt als ich dir,
5 daz næme ich vür der Kriechen golt.
du möhtest mir niemer sô holt
werden, als ich dir bin.
mir ist daz herze und der sin
sô rehte sêre an dich geslagen,
10 daz ich dirz niemer kan gesagen.»
si sprach: «daz lâ werden schîn.
ich tet durch den willen dîn
swes du mich ie gebæte
und bin dar an iemer stæte.
15 tuo ein dinc des ich dich bite!
deiswâr, dâ wirbestu mite,
sîn sî wênic oder vil,

IV. *A* 36 (*Bl. 25ra - 26va*)   *H* 138 (*Bl. 266va - 268ra*)   [*K* 131]
Überschrift: Ditz mere wie ein wip iren man   Lebendich begrvb
ysan *H*.
   2 also *H*.   6 Dvnen *H*.   9 rehte *f. A*.   17 Ez si *H*.

daz ich iemer allez daz tuon wil,
des du gesinnest an mich,
20 und wil des inne bringen dich,
daz du noch lieber bist mir
tûsentstunt denne ich dir.»
er sprach: «nu sage, waz ist daz?
daz tuon ich michel vürbaz,
25 denne du sîn iemer gegerst,
dar umbe daz du mich gewerst,
daz du alsô sêre minnest mich
mit triuwen, als ich minne dich.»
si sprach: «dâ geloube mir,
30 mîn trût, swaz ich gesage dir.
ez müet ein ieslichez wîp
und gât ir rehte an den lîp,
swaz si geseit ir man,
daz er des niht gelouben kan.
35 uns entuot kein dinc sô wê.»
er sprach: «enist des niht mê,
des du mich bitest?» si sprach: «nein.»
er sprach: «daz wære ein mort und mein,
wære ich dir des niht bereit.
40 ich wil dir swern einen eit,
wan du mir sô wol behagest,
swaz sô du mir gesagest,
daz ich daz allez gelouben wil,
sîn sî wênic oder vil,
45 sô du mich minnest als ich dich,
daz du niemer betriugest mich.»
als er der rede vollevuor

---

18 ich ez immer allez *H*.   19 Swes dv *H;* ane *AH*.   24 Ich t. ez *H*.
25 dvz i. *H*.   26 m. des g. *H*.   28 M. t. immer als ich *H*.   29 des g. *H*.
31 igelich *A*, ietslich *H*.   33 gesaget *H*.   38 ein mein *AH*. 39 niht
des *A*, des vil *H*.   41 Dvrch daz dv *H*.   42 sô *f. H*.   43 des g. w. *H*.
44 ode *A*; Diner trewen ist so vil *H*.   46 getrevgest *H*.

und er ir den eit geswuor,
zehant gedâhte si dar an:
50 «wie versuoche ich, ob mîn man
gelouben welle, daz ich im sage?»
   Ez was an einem mitten tage.
si sprach: «geselle, ez ist naht.
ich hân uns ze ezzen gemacht.
55 wir suln ezzen und slâfen gân.»
er sprach: «wie hâstu sô getân?
ez ist noch kûme mitter tac.»
«daz ich dîn ie sô wol gepflac»,
sprach daz wîp, «daz ist mir leit.
60 nu hœre ich des die wârheit,
daz der manne triuwe bœse ist,
sît du meineide worden bist
in sô kurzer wîle wider mich.
ich wolde und hân versuochet dich,
65 ob dîn triuwe und dîn eit
hæten deheine stætikeit.
nu sihe ich unde hœre wol,
daz ich dich iemer haben sol
vür ein triuwelôsez vaz.
70 waz hæte dir geworren daz,
dô ich dir seite, ez wære naht,
hætestu dich wârhaft gemacht
und hætest gesprochen: ‹ez ist wâr›.
ich hân mêr denne ein halp jâr
75 noch baz gehandelt dînen lîp,
denne ie noch dehein wîp
ir manne getæte.
nu ist dîn triuwe unstæte.

---

48 daz er ir *H*.   49 Da g. *H*.   51 im *f. H*.   52 Daz w. *H*.   54 maht *A*.   57 mitte *H*.   60 des *f.* *H*.   71 Doch *H*; sagte *H*.   74 me *H*.
75 getrevtet *H*.   76 Dannoch ie *H*.   77 me g. *H*.   78 So ist *H*; div t. *A*.

des scheidet sich diu vriuntschaft nu.
80 ich sach ez als wol als du,
daz ez kûme mitter tac ist,
wan daz ichz tete durch den list,
daz ich dich dâ mit ervuor.»
vil sêre si bî ir lîbe swuor,
85 ern gewünne ir hulde niemer mê.
diu drô diu tet im alsô wê,
daz er vil kûme genas,
wan im daz wîp sô liep was.
daz wort er trûriclîche sprach:
90 «owê, daz ez mir ie geschach
daz leit und daz unheil!
dâ von lîde ich grozen meil
an allem mînem lîbe,
daz ich mînem wîbe
95 niht gevolget hân sô vil
an ir tugenthaftem spil,
daz ist mir leit vil sêre
und klage ez vrouwen Êre.
daz müeze got erbarmen!
100 ez was mir werltarmen
vergezzen, sam mir mîn lîp.»
dô kniete er nider vür daz wîp.
er sprach: «liebiu vrouwe süeze,
gunne mir, daz ich ez büeze
105 und daz ich ez niemer mêr getuo.
ich wil dir geloben dar zuo,
geschæhe ez mir iht mê,
daz ez iemer ungesüenet stê.»

---

79 diu *f. H*. 80 also w. *H*. 81 mitte *AH*. 82 ich ez *H*. 83 dar mit *H*. 84 liebe *H*. 85 Ern *f. H*; engwnne *A*, Gewinne *H*. 86 dro tet *A*. 88 sô *f. H*. 91–98 *fehlen A*. 99 Vñ mvz ovch daz g. *H*. 100 Des w. *A*. 105 immer me *H*. 107 Geschehez *H*. 108 vnversvnet *H*.

>   si sprach: «sô wil ichz varn lân.
> 110   du solt daz vil gewis hân,
>   ez müet mich nu sô sêre,
>   getuost duz iemer mêre,
>   sô ist diu vriuntschaft dâ hin
>   und kumest niemer, dâ ich bin.»
> 115   dô was er vrô, daz si den zorn
>   sô schiere hâte verkorn.
>   Dar nâch wol in zwelf tagen
>   dô begunde si im aber sagen
>   ein gelogen mære umbe daz,
> 120   daz si in wolde versuochen baz.
>   si dûhte an disem mære,
>   daz si sîn meister wære;
>   des wart si stolz unde balt.
>   si machte ein volbat (daz was kalt)
> 125   und sprach: «ginc in, ez ist warm.»
>   nu was er des muotes sô arm,
>   daz er dâ wider niht ensprach,
>   wan er sich aber des versach,
>   daz er ir hulde verlür.
> 130   swie sêre in in dem bade vrür,
>   er sprach doch: «ez ist warm genuoc.»
>   wan er daz sô wol vertruoc,
>   des wart ir herze vröuden vol.
>   sît erbôt si imz zwir als wol,
> 135   sam si dâ vor ê tæte,
>   und beleip dar an sô stæte,
>   daz si in machte ir sô holt:
>   hæte si gesprochen: «diu erde ist golt»,

---

109 ich ez *H*.   114 n. me *A*.   115 daz der *A*.   118 Dô *f. H*.
120 versvchen wolte *H*.   126 Do w. *H*.   128 aber *f. A*.   130 sere
in dem *H*.   131 doch *f. H*.   134 bot siz im *H*.   135 getete *H*.
137 in ir m. *AH*.

er hæte gesprochen: «ez ist wâr».
140 daz tet si aber ein halp jâr.
    Nu was ein pfaffe in der stat,
der si des lîbes dicke bat,
swenne erz gevüegen kunde.
daz treip er unz an die stunde,
145 daz si in minnen began.
eines tages sach si ir man
von im ûz ir stadel gân.
er sprach: «daz ist missetân,
daz du dem pfaffen sô heimlich bist.»
150 si sprach: «du liugest, wizze Krist!
daz ich dir sô holt bin,
daz müet aber dînen sin.
ez wart nie wîp, geloube mir,
ir manne holder denne ich dir.
155 wil du des gelouben niht
und sprichest du dâ wider iht,
ich tuon dir solchen zorn schîn,
daz wir gescheiden iemer sîn.
swaz ich gespriche und begân,
160 wil du daz niht vür guot hân,
daz solt du balde sagen mir,
sô wil ich mich scheiden von dir.»
er sprach: «ez ist alles guot,
swaz dîn reiner lîp getuot.
165 dîniu wort sint elliu wâr.
soldestu leben tûsent jâr,
ich gezîhe dich niemer nihtes mê.»
dô tet si im aber baz denne ê.
si bôt ez im wol und dannoch baz.

---

140 si ovch wol ein *H*.   141 Do w. *H*.   144 unz *f. H*.   152 Ez m. *H*.   151. 152 *umgestellt H*.   153 Ezn *H*.   155 mir d. *H*.   156 dar w. *H*.   162 mich *f. A*.   165 div sint *AH*.   166 Vñ s. *A*.   167 niemer *f. H*.

170 sô lange bezzerte si daz,
unz si in dar zuo brâhte,
daz er ze allen zîten dâhte:
«ich hân daz aller beste wîp,
diu ie gewan wîbes lîp.»
175 Dô wart ez sô geschaffen,
daz si den selben pfaffen
sô sêre minnen began,
daz ir erleidete ir rehter man.
daz tet si schîn, ich sage iu wie:
180 eines tages er von acker gie,
dô begunde si in anesehen.
si sprach: «waz ist dir geschehen?
daz ich mîn leben ie gewan!»
«waz meinestu, liebe?» sprach der man.
185 si sprach: «dâ bistu garwe
tôt an dîner varwe.
dir wil des tôdes smerze
iezuo gân an dîn herze;
dâne ist leider niht wider.
190 ginc an dîn bette und lege dich nider.
wê mir, du wil sterben!
lâ mich dir den pfaffen erwerben,
daz er dir die sêle bewar.»
dô brâhte si den pfaffen dar
195 und hiez in sprechen sîn bîhte.
des erbat si in vil lîhte.
er wolde an allen dingen
ir willen volbringen.
des twanc in zweier hande nôt:
200 daz si imz sô wol bôt
und ouch daz nie dehein man

---

175 Doch w. *H*. 178 der rehte m. *A*, ir m. *H*. 180 t. von *A*, t. do er von *H*. 183 wie g. *A*. 189 Da en ist *H*. 191 wilt *H*. 192 dirn *A*. 198 vollen bringen *H*. 200 sie im so *H*; erbot *H*.

ein wîp sô rehte liep gewan.
dô si sîn bîhte vernâmen
und er gotes lîchnâmen
205 zuo dem tôde genam
und der pfaffe dannen quam,
dô gap si im an sîne hant
ein kerzen, diu was schône enbrant,
und tet im diu ougen zuo.
210 si sprach: «lieber man, nu tuo
sam die ouch sint in dirre nôt,
wan, lieber man, du bist tôt;
dune solt dich niemer mê geregen.»
Si begunde in ûf die bâre legen;
215 die brâhte si vil schiere dar.
dô quâmen ir gebûren gar.
die naht si bî im wachte,
unz sich der tac ûfmachte.
zuo der kirchen man in truoc.
220 dô roufte si sich unde sluoc.
si gie im weinende mite
und hâte klägeliche site.
die sêlemisse man im sanc;
diu werte iedoch niht ze lanc.
225 dar nâch truoc man in ze grabe.
si quâmen sîn beide gerne abe
daz wîp und ouch der pfaffe.
dannoch wânde der affe,
si versuochte in aber alsô
230 und wolde dar nâch in machen vrô.
daz wolde er vil gewis hân.
sô lange hâte er den wân,

---

206 danne *AH*. 207 sim *H*. 208 kerze *H*. 212 Wan leider mir *H*.
213 Dvnen *H*. 215 Do b. *A*. 217 man *H*; bi *f. AH*. 221 gienc *H*;
weinvnde *AH*. 223 sele messe *H*. 224 D. wart *A*; vil vnlanch *H*.
230 in dar nach *H*. 231 Dar w. *A*.

   unz man in in daz grap huop
   und in vil balde begruop.
235 dô ez im an die rehten nôt gie,
   dô rief er ane alle die,
   die umbe daz grap wâren.
   er begunde sô gebâren,
   als den dâ twinget der tôt.
240 der pfaffe in allen gebôt,
   daz si den segen vür sich tæten
   und got vil tiure bæten,
   daz er den tîvel dâ vertribe,
   daz er niht lenger belibe
245 bî dem armen lîchnâmen.
   ‹daz werde wâr. âmen›,
   sprach dô man unde wîp.
   alsô verlôs er sînen lîp.
   swaz er gerief und geschrei,
250 sô sprâchen doch disiu zwei,
   diu dâ westen diu mære,
   daz ez der tîvel wære,
   und liezen in niht ûzgraben.
    Den schaden muose er des haben,
255 daz er satzte ein tumbez wîp
   ze meister über sînen lîp.

---

237 da vmb *H*. 238 Vñ b. *H*; sô *ƒ. H*. 240 do *g. H*. 241 einen s. *H*. 242 v. sere *H*. 244 iht *A*; da b. *H*. 246 Si sprach d. *H*. 250 Do s. *H*. 254 mvst *H*.

V

Das heiße Eisen

Ein wîp sprach wider ir man:
«daz ich dîn künde ie gewan,
des wil ich iemer wesen vrô.
got hât dich gezieret sô
5 an schœne und an vrümikeit
und hât sô gar an dich geleit
swaz einem manne wol gezimt,
daz mir diu sorge den lîp nimt,
die ich dîn vor andern wîben hân.
10 wære dîn muot nu sô getân,

V. *A* 37 (*Bl.* 26va – 27vb)   *H* 139 (*Bl.* 268ra – 269rb)   *B* 15 (*Bl.* 34vb – 36rb)   *D* 6 (*Bl.* 5vb – 6vb)   *p* 3 (*Bl.* 13r – 15v)   [*K* 132; *I* 16; *cc*]

Überschriften: Ditz ist ein mere gvt genvc   Wie ein wip daz heize ysen trvc *H*.   Von dem haizzen eisen *B*.   Von dem haissñ eysen *D*. Hie hebit sich võ deme heyzen yzen *p*.

Vor 1: Nu secht mit welhen fugñ (welchm fůge *D*) Zway (Die z. *D*) daz haiz eisen trugñ (trůge *D*) *BD* (*in den Text geratene Überschrift der Vorlage*).   1 Ein fraw s. *D*, Iz sprach eyn frauwe *p*; zv ir *HBD*. 2 ye kund *B*.   3 Daz w. *p*.   4 g. also *p*.   5 An schende vñ an vrolichkeyt *p*.   6 Und *f. A*.   7 Daz *Dp*; aim schön mann zimpt *BD*. 8 Da *H*, Wan daz *p*; benimt *Hp*.   9 Daz ich din sorge vor w. h. *p*. 10 W. nu din *p*; mut also *BD*.

daz du mich gewis tætest,
daz du niht anderiu wîp hætest,
daz wolde ich iemer mêre
gedienen alsô sêre,
15 daz du des selbe jæhest,
sô du die wârheit sæhest,
daz nie dehein wîp ir man
von herzen alsô liep gewan.»
er sprach: «vil liebiu minne mîn,
20 ichn ger deheines wîbes wan dîn;
du bist mir lieber denne liep.
ich sî ein ungetriuwer diep,
habe ich deheine wan dich.
sô dir got, niht enzîhe mich,
25 daz ich solches iht tuo;
dâ bistu mir ze liep zuo.
ich bin dir gerne bereit
aller der gewisheit,
der du an mich geruochest,
30 daz du wol versuochest,
daz ich dînen lieben lîp
minnen wil vür elliu wîp.»
si sprach: «und getuostu daz,

---

11 du mir *BD*; des g. *H*; Vñ myr gewizheyt t. *p*. 12 iht anderre wibe *A*, andrew (zú mir a. *D*) weib icht (nit *D*) *BD*. 13 also ser *D*; D. w. ich vor dinē also sir *p*. 14 Dinen *B*; Vm̄ dich vᵉdienen ym̄ᵉ mer *D*. 15 Des *f. BD*; selben *H*. 16 werh *B*, werck *D*. *Statt* 14–16: Daz du dy warheyt saytes mir Vñ ich dye warheyt sehe Vor gote ich dez vir iehe *p*. 17 kein *HBD*, eyn *p*. 19 vil *f. p*; fraw *BDp*. 20 Ich *ABDp*; beger *D*, engere *p*; keines w. den *H*, kainer wan (dann *Dp*) *BDp*. 21 lieb ob alle l. *D*, lieb vñ obir l. *p*. 22 ungemer d. *H*, offenˢ *B*; Oder ich múβ sein ain offnˢ d. *D*. 23 Han ich *Hp*; deheinen *H*, kain *BDp*; niwan d. *A*, dañ d. *Dp*. 24 got lon nicht zeihe *BD*. 25 nicht entu *BD*. 26 Du b. *p*; dar zcu *p*. 27 Ich wil d. sein *D*; Ouch bin ich d. *p*; din g. *H*; g. beit *A*. 29 an mir *p*; ruchest *B*, begerst *D*. 30 selber wol *p*; bewerst *D*. 31 zartñ l. *D*. 32 wil *f. p*; vor allē *p*. 33 tvst dv *HBDp*.

sô wart nie dehein man baz
35 gehandelt von sînem wîbe,
denne du von mînem lîbe
gehandelt iemer werden muost,
ob du mir ein gerihte tuost.
des wil ich dich bewîsen.
40 trac mir daz heize îsen,
als liep ich dir ze vriunde sî!
dâ wil ich rehte kennen bî,
welche liebe du zuo mir hâst,
und ob du âne schulde bestâst.
45 des wil ich von dir niht enbern.
wil du mich des niht gewern
(daz ist ein êwiger haz),
sô tuost duz niuwan umbe daz,
daz du minnest anderiu wîp
50 und ahtest niht ûf mînen lîp.»
er sprach: «diu rede ist âne nôt.
mir wære lieber der tôt,
denne ich erwürbe dînen haz.
ich tuon vil gerne allez daz,
55 dâ mit ich dir gedienen mac,
ichn wil weder naht noch tac

---

34 n. kein *H*, ain *B*, keyme *p*; kaim m. nie *D*. 35 Gehalden *p*.
36 Also du *p*. 35. 36 *fehlen BD*. 37 Gehalden *p*; G. so du *B*, G. vnd
ymˢ wesen *D*. 38 mir gewisshait *B*. 39 Daz *BDp*; ich dich wil *AHBD*;
wil *f. p*. 41 A. recht lieb (l. alz *p*) ich dir sei *BDp*. 42 ich r. sehen
H, ich (ich dañe *p*) pesehñ *BDp*. 43 Waz liebi *D*. 44 Und *f. A*;
staat *HBDp*. 45 von dir *f. B*, nit v. d. *D*. 46 Vñ wilt du *BD*,
Wiltu *p*; Vñ wilt aber dv m. ez n. g. *H*. 47 ymmer mein h. *B*; So
hastu ym̄ˢ meinē h. *D*. 48 So tvstuz *A*, So lestv ez *HB*, So en lezest
du ez *p*, Daz lastu *D*; niht wan *HD*, newr *B*, nicht dan *p*. 49 ander
Hp. 50 enachtest n. *H*, hast kain acht *D*, nicht attes *p*. 52 pitter t. *D*.
53 D. das ich *D*. 54 Ich wil vil *p*; wil tun alls *BD*. 55 Tun da myte
p; dir *f. BD*; peweisñ *B*, gerichtñ *D*. 56 Ich *Bp*; wil dir *HB*;
nymmˢ ain t. *B*, numēr nacht n. t. *p*; Nit lenger ich das uˢtrag *D*.

dir dînes willen versagen.
ich wil daz îsen iezuo tragen,
dar umbe daz got bescheine,
60 daz dich alters eine
mit triuwen minnet mîn lîp
und anders an dehein wîp
nie gewan deheinen muot.»
daz îsen wart zehant gegluot.
65 zwêne steine wâren dâ bereit;
dâ wart daz îsen ûfgeleit,
daz ez nâch sînem rehte lac.
si sprach: «hebe ûf unde trac,
daz ich dîn triuwe ervar.»
70 der man neicte sich dar.
dâ hâte er einen gevüegen spân
vor in den ärmel getân;
den lie er vallen in die hant,
daz sîn daz wîp niht bevant.
75 dar ûf nam er daz îsen.
er sprach: «nu sol got wîsen,
daz dir mîn lîp noch mîn gedanc
noch nie getet deheinen wanc
und dir ie was mit triuwen mite.»

---

57 dinen w. *A*; Dines w. niht v. *H*, Des dein w. v. *B*, Ich wil dirs nit v. *D*. 58 dir d. heyz ysen *p*; yetzūt *B*, iecz *D*, iezuo *f. p*. 59 Daz g. da mit b. *BD*; irscheyne *p*. 60 Daz ich *BDp*. 61 M. t. lieb han (miñe *D*, meyñe *p*) deī leib *BDp*. 62 Vñ (Vnd zù dir *D*) chain ander w. *BD*, Under andir nicht die keyne w. *p*. 63 keinen *H*; Noch nie gwan and⁹n mut *BD*, Doch nye quam ī myne mut *p*. 64 zeglϑt *A*, glut *BD*. 65 wurdñ da *BD*, warē gereyt *p*. 67 Do *H*; rechtñ *D*. 68 nu heb *p*. 69 deiner trui werd gewar *D*; pewar *B*. 70 Ir m. *D*; Da negite sich d. m. aldar. 72 Vor *f. BDp*; in synē *p*. 73 liez *BD*; in die hant vallen dar *p*. 74 Daz ez *H*; enphant *BD*; Daz iz sin w. nye wart gewar *p*. 76 peweisñ *BDp*. 77 dir *f. BDp*; vñ (vñ ouch *p*) m. g. *BDp*; danch *H*. 78 Dir nye *p*; gewan *D*; keinen *HDp*. 78 *f. B*. 79 was ie *Hp*; trülich *D*; Vñ dir ye mᵗ truwen wonte myte *p*.

80 er truoc ez mê denne sechs schrite.
als schiere daz was getân,
dô barc er aber sînen spân
unde lie si die hant sehen.
si sprach: «ich wil dir iemer jehen,
85 daz du dich wol behalden hâst
und alles valsches âne stâst.
diu hant ist schœne als ein golt;
ich wil dir iemer wesen holt.»
er sprach: «des lône dir got!
90 nu ist mîn bete und mîn gebot,
daz ouch du mir das îsen treist.
ichn state niht, daz du mirz verseist.
ez muoz hie zehant geschehen;
ich wil ouch dîn triuwe sehen.»
95 si sprach: «trûtgeselle mîn,
dar zuo wil ich dir ze liep sîn,
daz iemer quæme in dînen gedanc,
daz ich ie getæte deheinen wanc.
du weist wol, wie mir ist,
100 daz du mir tûsentstunt bist
lieber denne diu sêle mîn.»
er sprach: «lâ die rede sîn!

---

80 Vñ t. *p*; trvgez dane nie s. *H*; mer d. *BD*, also wol s. *p*. 81 Do daz sch. *H*; Als (Also *p*) er daz het g. *Bp*. 82 Nu vor barg *p*; er den span *B*. *Statt* 81. 82: Vñ alz daz da der man Volbracht hett vñ getan *D*. 83 Da l. er *D*; liez *BDp*. 84 nu w. ich (ich dir *p*) *Bp*, nū mù*β* ich iechñ *D*; gutes iehen *p*. 85 bewart *Hp*, enthaltñ *B*, gehaltñ *D*. 86 falschñ *D*. 87 Dein h. *B*; ist dir *D*. 88 mùz *D*. 87. 88 *fehlen p*. 89 nu l. *p*. 90 gebet *AD*; Nu ist daz mein gepot *B*. 91 du auch d. *BD*, du myr ouch d. *p*; tragest *HBD*, trages *p*. 92 Ine s. *A*, Ich wen *B*, Ich gestat *D*; vᵃ sagest *HBD*; Daz zcimet wol daz du myr nicht vor sages *p*. 93 hie *f. BD*. 93. 94 *fehlen p*. 96 Darzù solt *D*, Da wil *p*; l. zcu sin *p*. 97 Daz ez *HB*, Daz daz *p*; nim̄ᵃ kem *D*. 98 ich dir *Hp*; keinē *HBDp*. 99 Wan du *p*; doch wol *H*; wie *f. D*. 100 mir *f. BD*; tawsūt tawsentstüt *B*, zetausent malū *D*; liber bist *p*. 101 Mir l. *BD*; Lieber *f. p*. 102 nū laß dein claffñ s. *D*, die rede la sin *p*.

du woldest mich sîn niht erlân,
zwâr alsô wirt ouch dir getân.
105 du kanst dich des niht entsagen,
dune müezest daz îsen iezuo tragen.»
zehant er ez in daz viuwer truoc
und gluote ez vaste genuoc
und leite ez ouch, dâ ez ê lac.
110 er sprach: «nu hebe ûf unde trac,
die wîle und ez die hitze hât!»
si sprach: «ist des dehein rât?»
«nein sîn, entriuwen», sprach er,
«du hebest dich wærlîche her.
115 du muost ez tragen als ich.»
si sprach: «geselle, sô bite ich dich
einer vil wênigen gebe;
daz diene ich iemer unz ich lebe,
gewerstu mich der selben bete.
120 swaz ich dir liebes ie getete,
des gedenke hie mite
und tuo des ich dich bite.

---

103 Dvne *H*, Du enwoldes iz m. *p*. 104 Also w. *BD*; wirst ouch dv *H*; Also wᵉt iz ouch vm̄e dich irgan *p*. 105 Dvnen *H*; dich sin n. *HB*, dich nit e. *D*. 106 Dv *ABD*, Dvnen *H*; must *BD*; ytz *B*, iezuo *f. D*. 105. 106 *fehlen p*. 107 erz *HB*. 108 glvtez *H*; sere g. *HBD*, sere vñ g. *p*. 109 leitez *H*, let ez *BD*; da ez ovch im l. *H*, da ez im ouch l. *BD*, ir alz iz yme l. *p*. 110 nu *f. HBD*. 111 w. ez *BD*, w. daz iz *p*. 112 vñ ist *A*; ist iz kein *H*; Sein ist chain r. *B*, Wañ ez ist kain r. *D*, Ist abir dez keyn r. *p*. 113 Nein iz *H*, Naines tᵉwn *B*, Nain ez wärlich *D*. 114 envarlich *A*. 115 Vñ m. *HB*; als ovch *H*. 117 vil *f. BD*; wenigˢ *A*, clainer *D*. 118 gediene *H*, tun ich die weil *BD*. 119 Du last ez durch mein gepät *D*. *Statt* 113–119: Sprach dye schone frauwe Neyn sprach her vf myne truwe Du must irhebin dich Zcu deme ysen vñ tragē alz ich Sie sprach gelese so bite ich dich Daz here vñ gewere mich Eyner wenigē bete *p*. 120 Waz *BDp*; ye l. dir *BD*. 119. 120 *umgestellt H*. 121 dank mir da mit *BD*, lone myr hy mete *p*. 122 tv nv *H*; daz ich d. bete *p*.

du weist wol, daz sich ein man
genuoger dinge enthalden kan.
125 er hât starken muot und starken lîp,
sô sî wir swach und brœdiu wîp
und mugen uns niht enthaben sô wol.
die man sint grôzer krefte vol;
des mugen si tuon unde lân
130 und mugen dem dinge widerstân.
daz wir der krefte niht enhân,
daz hât got an uns getân.
des sol uns nieman verdenken,
ob wir etewenne wenken.
135 dâ von lâ mir vor einen man;
wan ich nie deheinen mê gewan
âne dich, des wil ich gote verjehen.
daz solt du an dem gerihte sehen.»
«daz wil ich tuon», sprach er,
140 «nu hebe dich zuo dem îsen her!»
si sprach: «trûtgeselle, tuo
des ich dich bite dar zuo
(daz gediene ich alsô,
daz du muost iemer wesen vrô,
145 daz du ez ie getæte.
sô ist ouch iemer stæte

---

123 sich *f. BD.* 124 Genvge *H*, Manig *B*, Menger *D*, Mancher *p*; sich e. *D*; enthaben *H*. 125 Der h. *p*, Er s. m. hat *B*; vñ leib *BD*. 126 So sei (seyen *D*) wir plodew w. *BD*, So swach vñ krang siñ dye wib *p*. 127 enmvgen *H*; e. niht *A*; enthaltñ wol *BDp*. 128 starker *p*. 130 den dingñ *BDp*. 131 Wan w. *p*; han *B*. 133 Dar vm̄e s. *p. Statt* 133. 134: Ob wir etewenn wenkñ Vñ vns mit sündñ (in sünd *D*) senkñ *BD*. 135 Da vor *H*; Dauō gib mir *D*; Vñ vir gib myr *p*; vor *f. Bp*. 136 Vñ nie *BD*; keinen *HBDp*; mer *B*. 137 Deñ d. *D*; das w. *Dp*; iehen *Hp*. 138 sal man *p*; spehñ *B*. 139 Vñ d. *D*; So daz sy getan *p*. 141 lieber man *D*; nv tv *HBD*; Vil lieber gesellē nu tu *p*. 142 Daz *D*; pitt ich d. *B*; Dez must du vm̄er wesen frū *p*. 143 D. ich g. *B*, D. wil ich vᵃdienē *D*. 142. 143 *fehlen p*. 144 Dez must du *p*; wesñ ym̄ᵃ *D*. 145 duz *H*. 146 Mit mȳneclicher stete *p*.

diu herzenliebe vriuntschaft
mit micheler triuwen kraft
und diu liebe, die ich zuo dir hân.
150 du hâst sô wol an mir getân):
daz du mir noch zwêne vorlâst.
sît du wol an mir getân hâst,
nu tuo wol vollen wider mich;
daz diene ich iemer umbe dich.»
155 er sprach: «daz sî getân.
du muost balde ze dem îsen gân.»
«lieber geselle», sprach siu
«ich hân noch guoter pfunde driu,
der du einen pfenninc niht enweist.
160 nu tuo ez durch got aller meist
und nim diu selben driu pfunt,
ob dir ie ze deheiner stunt
von mir dehein liep sî geschehen.
dar an solt du hiute sehen,
165 als liep sô dir dîn sêle sî,
und lâ mir vor noch drî.»
er sprach: «die wil ich dir vorlân.
du hâst der rede genuoc getân.

---

147 hᵃzeliche *H*. 148 inneclicher t. *H*; M. minnikleichˢ frawntschaft *B*, M. trüwˢ miñeklicher k. *D*. 150 Wañ du *D*; sô *f. BD*; So hastu wol zu m. g. *H*. 151 Ob m. n. drey *BD*. 152 so wol mir tan *D*, wol zv mir *H*. *Statt* 147–152: Vñ du libe zcu mir hast Daz du noch zwene vor last *p*. 153 So t. noch w. *BD*, Vñ t. w. *p*; vollen *f. ABDp*. 154 vᵃdien *Dp*; wedir dich *p*. 156 solt *B*. *Statt* 155.156: Daz sie abir getan sprach her Nu hebe dich zcu deme ysen her *p*. 157 Vil l. *p*; man *D*; abir sie *p*. 158 Gutir p. han ich d. *p*. 159 einen pfenninc *f. B*; nichtn (nit *D*) weist *AD*. 160 nu *f. D*; tvz *H*, tu durch *p*. 162 ie lib *p*; keiner *HBDp*. 163 Lieb sei v. *B*; Kein liep sei von mir g. *H*, Von m. lieb (*f. p*) sey g. *Dp*. 164 soltv h. s. *AHp*, s. du nu s. *B*, soltu s. *D*. 165 Also l. also *p*; so dir *H*; A. recht lieb ich dir sei *BD*. 166 gib m. *D*; noch vor *A*, vzen noch *H*; Vñ vor gib mir noch drye *p*. *Nach* 166: Vier vnd (vnd darzù aber *D*) ain   Vñ nimmˢ kainen *BD*. 167 verlan *H*.

gesprichestu tâlanc wort mê,
170 dune tragest mir daz îsen ê,
zewâre ich tuon dir den tôt.»
dô muose si swîgen durch nôt.
daz îsen nam si ûf die hant
und wart alsô sêre verbrant,
175 daz si schrei mit grôzer ungehabe:
«ouwê, mir ist diu hant abe!»
ein wachs hâte er gebreitet
und ein tuoch dar zuo bereitet
und wolde si verbinden.
180 des bat si in erwinden.
si sprach: «waz hilfet daz bant?
mir ist diu hant sô gar verbrant,
daz si mir nu niemer mê
ze nutze werden mac als ê.»
185 als er daz hôrte unde sach,
ûz grôzem zorne er dô sprach:
«hie ist dîn triuwe worden schîn.
nu solt du des gewis sîn,
daz mir hiute dehein wîp
190 unmærer ist denne dîn lîp;
und allez, daz dir leit ist,
daz wil ich tuon nâch dirre vrist.
nu hâst du ûf dich geladen

---

169 Sprichst du *BD*; tâlanc *f. BD*; kein w. *HD*, dehain w. *B*.
170 Dv entragest *Hp*, Du t. *BD*.   171 Deswar *H*; Ich t. *BDp*; dir sicherleich *BD*, dir zcu hant *p*.   172 Sie m. *p*; mvst *AHBDp*; von not *D*, d. die not *p*.   173 Vñ n. d. ysen *p*; nams *H*; in d. h. *BDp*.
174 vbel v. *D*; gebrant *p*.   175 laut sch. *D*; grôzer *f. BD*.   180 hiez *H*.   184 Zv frvmen mack w. *H*; mac *f. A*; alsam *A*.   177–184 *fehlen BDp*.   185 Do *BDp*.   186 Mit g. *D*; Vz einem z. *H*, Auz z. *B*, Zcornecliche *p*.   188 solt ovch des *H*; du ez dez *D*; vil g. *A*.   189 D. mir fürpaz *BD*, D. vf erdin *p*; kein w. *HBDp*.   190 Vnmerre *HB*; Mir vm̄ᵉ lieber ist *p*.   191 a. das dz *D*.   192 Wil ich tun noch *p*; t. zù aller *D*; diser *B*.   193 Nv h. nv *H*.

> beidiu laster unde schaden;
> 195 diu wil ich dir helfen mêren.
> rehte als du dîner êren
> unz her hâst geschônet,
> alsô wirt dir von mir gelônet.»

---

196 der diner *H*.   198 wirt ovch dir g. *H*.   *Statt* 193–198: Hie hat daz mer ain ende   Got vns sölhe peweisung wende *B*.   Hie haut disu red ain end   Got vᵊleich vns ain gůt end *D*.   Sehet disen schadē vñ disen spot   Ir warb sie alles ane not *p*.

VI

Die eingemauerte Frau

Ein ritter tugende rîche
nam ein wîp elîche.
dô wolde si ir willen hân
und des sînen niht begân.
5 daz mohte er niht erlîden
und hiez siz gar vermîden.
dô si durch vlêhen noch durch bete
deste baz noch deste rehter tete,
dô dröuwete er ir sêre;
10 dô dröuwete si im noch mêre.
er sluoc ir einen vûstslac.
er sprach: «nu ist mir umbe den sac
als mære als umbe daz sacbant!»
er brach ir abe ir gewant.
15 einen swæren knütel er gevie;

VI. *A* 127 (*Bl.* 85*vb* – 88*ra*)   *E* 3 (*Bl.* 69*rb* – 72*rb*)   *B* 35 (*Bl* 122*va* – 126*ra*)   [*I* 33]

Überschriften: Von eime ritter vñ vō siner frauwē *E*. Von ainem vbeln weib *B*.

4 den sein *B*; nihtes *E*.   5 Des *EB*; geleidñ *B*.   6 sie ez *E*; sei daz meidñ *B*.   7 slege *A*.   9 so s. *B*.   10 dennoch m. *EB*.   13 m. sam *A*.   14 zoch *E*.

sînen zorn er si enpfinden lie.
er sluoc ein lange wîle
mit kreften und mit île,
unz im der arm tet sô wê,
20 daz er niht slahen mohte mê
und ir ein sîte alsô zebrach,
daz man niht anders dâ ensach
wan zebrochen hût und bluot.
er sprach: «welt ir noch wesen guot?»
25 si sprach: «wie wære mir des sô gâch?
weiz got, ez ist vil unnâch.
ir müezet noch langer bîten.
nu bin ich doch zuo drîn sîten
noch ungerüert und ungeslagen.»
30 er sprach: «sô wil ich gote klagen,
daz mir diu tumpheit ie geschach,
daz ich mîn zuht an iu zebrach.»
si sprach: «ir hât iuch selbe erslagen,
ich sterbe danne in kurzen tagen.»
35 si gehiez im ungevüegen schaden.
Dô hiez er mûren ein gaden.
daz wart gemachet âne tür;
ein venster kêrte er her vür.
dâ wart si inne vermûret.
40 er sprach: »sît iu sûret
diu vriuntschaft und der dienest mîn,
sô sult ir âne mich sîn,
sô muget ir deste baz genesen;
ir sult mîn vrœlîche entwesen.

---

16 Sines zornes *EB*. 19 Hintz *EB*; tet d. a. *B*. 20 mohts. *B*. 21 siten so gar *EB*. 22 nihtes *E*; sach *EB*. 24 woldet *A*. 26 Wizze *E*; noch vil *EB*. 28 Ich pin noch *B*; dirre s. *E*. 29 Noch *f. B*. 32 brach *E*. 33 h. an ew *B*. 39 Dar inn w. *B*. 40 vnhoch tûret *EB*. 42 alle zit a. *E*. *Statt* 43.44: Ir sült fröleich gnesñ   Ir müzzt dar inn gut wesñ *B*.

45 sît ir mir traget sô grôzen haz,
sô ist uns beiden deste baz.
ez ist uns guot vür zornes nôt.»
daz aller swerzeste brôt,
daz er geleisten kunde,
50 (daz man warf vür sîne hunde)
des muose man ir dar in geben.
si muose der bœsesten spîse leben,
diu dâ ze hûse was bereit.
er tet ir noch ein grœzer leit:
55 er sweic vil stille, swaz si sprach;
er saz ouch, dâ si in wol sach,
sîne vröude und sîne wirtschaft.
er hâte der liute grôze kraft;
den liepte er leben unde lîp.
60 er satzte ein minniclichez wîp
an sîne sîten alle zît.
scharlât unde samît,
daz beste, daz er veile vant,
daz was ir tägelich gewant.
65 die hiels er unde kuste,
als vil in des geluste,
daz ez diu hûsvrouwe anesach.
swaz ir dâ leides von geschach,
daz lie der wirt âne nît.
70 er was mit vröuden alle zît.
sîn lop was vor der werlde breit.

  Er schuof mit sîner vrümekeit,
daz er ir mâge niht entsaz.

---

47 Vñ i. *B*; vor z. *B*. 48 swerist *B*. 50 die h. *EB*. 51 Daz *B*; mùst *EB*; dar in *f. B*. 52 mùst *EB*. 53 Dû in daz hus *E*, Div in dem hawse *B*; wart *EB*. 55 waz *B*. 56 da da *A*; wol *f. E*; daz si an sach *B*. 58 grözzer braht *E*. 62 Scharlachen *E*; Scharlach vnd samat seit *B*. 64 tegelichez *E*. 65 halst *A*, helst *E*. 66 Me denne in *EB*; gelt g. *B*. 68 Waz ir l. da von *B*. 71 von d. *AEB*. 72 frùnthait *E*. 73 in frewnd *B*.

in tet sîn dienest michels baz,
75 denne in sîn vîntschaft tæte.
dô was der wirt sô stæte,
daz diu vrouwe ein teil verzagete.
dô si ir vriunden klagete
die vancnusse und die smâcheit
80 und den gebresten, den si leit,
dô sprâchen si: «wir wizzen wol,
daz ir der übele sît sô vol,
daz er iu niht wan rehte tuot.
ir sît vil übele gemuot;
85 des hât ir lôn enpfangen.
ez ist iu rehte ergangen.»
swelchen vriunt si des übergie,
daz er den wirt bat umbe sie,
dem antwurte er alsô:
90 «ich bin iuwer rede vil vrô.
ich leiste iuwer bete und iuwern rât.
welt ir mir setzen, swaz ir hât,
ob si ein übel wîp welle sîn,
daz iuwer guot sî allez mîn,
95 sô lâze ich si her ûz gân
und enpfilche ir allez, daz ich hân.»
«nein ich», sprach er zehant,
«mir ist ir muot wol bekant.
ichn wil ez niht sô sêre wâgen.»
100 sus schuof er mit ir mâgen,
daz si die bete alle liezen.
dô liez er sis geniezen.
er bôt in michel êre
und liepte sich in vil sêre

---

75 in *f. B*.   77 ein wile *A*.   78 So si *E*.   82 v̆blin *E*; sô *f. B*.
83 newr r. *B*.   84 v̆bel vn̄ vngemût *EB*.   85 wol l. *B*.   87 Swelch
E, Welchñ *B*.   90 vil *f. EB*.   92 waz *EB*.   97.98 *umgestellt EB*.
99 Ich *EB*.   100 Sust *B*.   102 si g. *AEB*.

105 mit guote und mit libe.
sus schiet er von dem wîbe
ir vriunde alle gemeine.
dô wart si alters eine.
Dô wart der vrouwen gesaget,
110 daz alle die wâren gedaget,
die ir dâ helfen solden
und ir niht mê helfen wolden.
dô si vernam den untrôst,
daz si niemer würde erlôst,
115 dô vuoren die tîvel von dem wege,
die si hâten in ir pflege.
dô quam der heilige geist
und brâhte ir sînen volleist.
ir grôziu übele diu verswant.
120 dô viel ir hôchvart zehant.
ir übele und ir bœser muot
diu zergiengen, si wart alsô guot,
daz si mit rehten triuwen
ir sünde begunden riuwen.
125 dô sande si nâch dem pfaffen
und wolde ir dinc schaffen,
swenne ir der lîp erstürbe,
daz diu sêle niht verdürbe.
dô si den pfaffen anesach,
130 si kniete vür in unde sprach:
«ich bin daz sündigeste wîp,
diu ie gewan wîbes lîp.
daz riuwet mich vil sêre.
durch des heiligen geistes êre

---

106 Sust *B*. 110 weren *E*. 109.110 *umgestellt B*. 112 mer *B*.
114 würde *f. B*; lost *B*. 118 b. in *B*. 119 v̊beln *E*. 120 So v. *E*.
121 v̊belin *E*. 122 Zergiengen *E*, Zergieng *B*; alsô *f. B*. 123 Diz *A*.
124 Begonde ir sůnde r. *E*. 127 Wenn *B*. 128 iht *E*. 129 Zehant
do *A*.

135 nu gebet mir helfe unde rât,
daz ich umbe mîne missetât
gegen got alsô gewerbe,
daz diu sêle niht verderbe.»
er sprach: «ichn râte iu anders niht
140 wan: sî iu umbe die sêle iht
und umbe den êwigen lîp,
sô werdet ein vil guot wîp.
iu ist dehein rât sô guot,
sô daz ir iuch der übele abetuot,
145 diu iuch beide von gote scheidet
und iuch allen den erleidet,
die iu solden gunnen guotes.»
si sprach: «des übelen muotes
des hât mich nu bekêret got.
150 ich wil allez sîn gebot
behalden, swâ ich iemer kan.
durch got nu bitet mînen man,
daz er mir sîne hulde gebe
und lâze mich die wîle ich lebe
155 hie büezen mîne schulde
und suochen gotes hulde.
ich hân weder got noch in gevorht,
dâ mit hân ich die werlt verworht.
der wil ich niemer nâhen komen.
160 mir hâte der tîvel gar benomen
beide vorht und minne,
wîsheit und rehte sinne.
ichn weiz, wes ich gein got engalt,
daz er dem tîvel den gewalt

---

135 Vñ g. *E*. 137 Gein *EB*; erwerbe *B*. 138 iht *AE*; So ich armew ersterbe *B*. 139 ich *EB*. 143 kein *EB*; also g. *EB*. 144 v̇belin *E*. 145 beide *f. B*. 146 allñ allñ lawtñ *B*; leidet *EB*. 151 wa *B*. 158 Da (Dar *B*) zú h. *EB*. 159 Des *E*; ymmˢ *B*; naher *E*. 160 gar *f. EB*. 163 Ich *B*; niht wes *E*.

165　sô grôzen über mich verlie.
　　ichn weste dô, waz ich begie.
　　ich kan mich des nu wol verstân,
　　daz ich wirs denne übel hân getân;
　　des bin ich mir selber iemer gram.
170　daz mir mîn man den lîp niht nam,
　　dâ hât er baz ze mir getân,
　　denne ich umbe in gedienet hân.
　　ich stân in iuwerm gebote.
　　als ir antwurten wellet gote,
175　alsô tuot mir iuwer triuwe schîn
　　und lât mich iu bevolchen sîn.»
　　　Dô gie der pfaffe zehant
　　dâ er den wirt eine vant.
　　er sprach: «nu tuot des ich iuch bite:
180　(dâ gewinnet ir gotes hulde mite)
　　swaz iu mîn vrouwe habe getân,
　　des lât si iuwer hulde hân.
　　si tuot niht nâch dirre vrist
　　wan allez, daz iu liep ist.
185　welt ir des niht gelouben ir,
　　sô wil ichz nemen her ze mir.
　　si riuwent sêre ir schulde,
　　si suochet iuwer hulde.
　　daz tuot si niht umbe daz,
190　daz ir irz bietet deste baz,
　　si tuot ez durch der sêle heil.
　　ir hât ûf si ein michel teil

---

166 Ich enwest *B*; dô *f. EB.*　167 nu *f. EB.*　168 wirs denne *f. B*; danne wol *A*.　169 iemer *f. EB.*　171 het *E*; an mir *EB*.　172 vᵃdint *B*.　176 den pfolhē *E*, enpholhñ *B*.　181 Waz *B*.　183 t. v̂ *E*; diser *EB*.　184 Wañe daz v̂ aller liebest ist *EB*.　185 g. mir *A*.　186 ich n. *E*.　187 rûwet *E*.　189 n. wanne v̂m *E*.　190 ir tûent d. b. *EB*.　193 desn tvt *A*.

gezürnet; des entuot niht mê.
ob iuwer muot ze gote stê
195 und zuo dem êwigen lîbe,
daz erzeiget an iuwerm wîbe.»
dô sprach der wirt: «nu gê wir dar,
daz ich die wârheit ervar.
ist si guoter handelunge wert,
200 der ist si schiere von mir gewert.»
si giengen an daz venster hin.
dô stuont diu vrouwe gegen in
ûf ir knie unde sprach:
«daz ich ie mîn reht gein iu zebrach,
205 daz ist mir ein leit vür elliu leit.
mir hât mîn unsælikeit
got und die werlt und iuch verlorn.
durch got nu lâzet iuwern zorn.
got hilfet uns beiden deste baz.
210 ich hân bejaget gotes haz;
den sol ich iemer lîden.
mich solde der tac vermîden,
wan daz got bezzer ist denne ich.
nu erbarmet iuch, herre, über mich
215 und vergebet mir, daz iu got vergebe,
und lâzet mich die wîle ich lebe
hie suochen gotes hulde
umbe unser beider schulde.»
diu rede geviel dem wirte wol.
220 sîn herze daz wart vröuden vol.

Statt 191-193: Ir habt vf sie ein michel teil Nach v̊wer sele vnheil Gesündet des tůt nit me (mer *B*) *EB*. 194 v̊ v̊wer sin *E*. 200 Der wirt s. von *E*; So seit gewert des ir gert *B*. 202 gein *EB*. 204 ie *f*. *EB*; brach *EB*. 205 ist *f*. *B*; ein *f*. *B*; vor allem leide *E*; fur allz l. *B*. 208 lat *A*, lazzent *E*, lazzt *B*. 210 v^adienet *E*, gedint *B*. 213 Wenne d. *E*; wan ich *B*. 214 herre *f*. *B*. 215 Und *f*. *EB*. 216 lant mich leben die wil ich lebe *EB*. 220 frawd *B*.

daz lie er balde schînen.
nâch ir vriunden und nâch den sînen
sande er, daz si dar gâhten
und ir vrouwen mit in brâhten.
225 Dô si dar quâmen alle
mit vröuden und mit schalle,
er enpfienc si vrœlîche unde sprach:
«daz ich an der hûsvrouwen rach,
des hât si got bekêret.
230 swer si nu dar umbe êret,
der hât mich iemer gewunnen.
alle die mir guotes gunnen,
die suln sich vröuwen mit mir:
ich wil mich süenen mit ir.»
235 si erbiten kûme, unz daz geschach,
daz man die mûre ûfbrach.
dô hiez man si her ûz gân.
des bat si sich durch got erlân
und satzte sich dâ wider gar.
240 dô gienc der pfarrære dar
und bôt ir bî der gehôrsame,
als liep ir wære kristen name,
daz si gehôrsam wære ir man;
dâ tæte si gotes willen an.
245 daz wart ir von der wârheit
sô lange und alsô vil geseit,
daz si ze jungest gie her vür.
dô bat er si, daz si verkür,
swaz er ir leides ie getete.
250 daz was ouch aller der bete,

---

221 liez *EB*. 222 u. den s. *B*. 227 enphie *B*. 228 Des *E*; ich
ain h. *B*; iach *E*, dah *B*. 230 Wer *B*. 231 hat mein huld g. *B*.
235 biten *EB*; hintz *EB*. 236 die tûr *E*, dz gadñ *B*. 238 D. hiez *A*.
239 dᵃ w. *A*. 240 gie *EB*. 241 gebot *EB*. 242 kristes *E*. 242.243
umgestellt B. 246 als v. *B*. 249 Waz *B*; l. hete getan *EB*.

die durch si wâren dar komen.
dô diu bete wart vernomen,
si sprach: «swaz ir mir hât getân,
des müezet ir gerne hulde hân.
255 ir sît unschuldic wider mich;
diu schuldige leider daz bin ich.
ich solde niemer sîn genesen,
ich wære wol tôdes wert gewesen.
des lât mich got ze buoze stân.
260 welt ir mich niht dar inne lân,
daz ich gestille gotes haz,
sô erloubet mir doch hie ûze daz,
daz ich got dâ mit êre
und übeliu wîp bekêre,
265 daz kan ich nu wol geschaffen.»
beide leien unde pfaffen
die vielen ir ze vuoze,
daz si die selben buoze
behielde durch den rîchen got.
270 si sprach: «sô wizzet âne spot,
ich kan von übelen wîben
ir übele wol vertrîben.
ich weiz wol, wie ir dinc stât.
swer ein übel wîp hât,
275 deiswâr, enpfilchet er si mir,
ich gevröuwe in wærlîche an ir.
ich mache si der übele sat,
ich setze si an mîne stat.
dâ hât mir got sô wol gevrumt.

---

253 m. leides h. *A*. *Statt* 250–254: Daz wart zú hant gevarn
(alls farñ *B*) lan *EB*. 256 schuldig ist d. *B*. 258 wol *f. B*; des t. *EB*.
259 lazze *E*. 260 da i. *AE*. 262 hie ûze *f. EB*. 265 nu *f. B*.
267 fuzzñ *B*. 268 puzzñ *B*. 272 v̌belin *E*. 275 Daz ist war *B*;
empfůlhe *E*. 276 Ich rat im *B*; gefreuwet *E*; wol an ir *EB*.
277 v̌beln *E*.

280 ich weiz wol, swelchiu dar kumt,
diu wirt dâ alsô rehte guot,
daz si vil gerne rehte tuot.»
daz begunde den rittern allen
ze wunsche wol gevallen.
285 si sprâchen: «ir sît ein heilic wîp.
daz got iuwer sêle und iuwern lîp
vil lange ensamt lâze sîn!»
sumliche sprâchen: «mir hât diu mîn
sô vil ze leide getân,
290 si muoz ouch lîhte hie bestân,
daz ir mirs guot machet.»
des wart dâ vil gelachet
von rittern und von vrouwen.
die lie der wirt wol schouwen,
295 daz er hôchzît haben wolde.
swaz er dar zuo haben solde,
wirtschaft, vröude unde spil,
des was dâ mêr denne vil.
dâ êrete er sîne vrouwen mite.
300 alle die tugentliche site,
die man an einer vrouwen lîbe
und an einem biderben wîbe
ze grôzen sælden loben sol,
der was diu hûsvrouwe vol.
305 si begunde den liuten allen
sô gärlîche wol gevallen,
daz si des alle jâhen,
die si hôrten unde sâhen,

---

280 welh drein k. *B.* 281 so r. *EB.* 287 l. gesunt l. *EB.*
288 Etlicher s. *EB.* 290 m. v̂ l. *E*, m. leicht hie pei b. *B.* 291 mir
sie *E.* 294 Do lie *EB*; wol f. *EB.* 296 Waz *B.* 297 frâuden *E.*
298 me d. ze vil *E.* 300 die f. *B*; tugentlichen *E.* 303 s. kumē wol *E.*
304 Des w. *AB*, Daz w. *E.* 305 began *E.* 306 begirlichen *E*,
geleich *B.*

                got hæte ir michel êre,
310   diu werlt wære vil sêre
                mit ir tugenden gekrœnet,
                wol gezieret und geschœnet.
                    Diu hôchzît werte siben tage.
                dannoch was dô maniges klage,
315   daz si niht langer solde wern.
                dô si urloubes wolden gern,
                dô stuont diu vrouwe ûf einen banc.
                si sprach: «nu saget dem wirte danc,
                daz er sich erbarmet hât über mich
320   und daz er got und ouch sich
                sô sêre an mir geêret hât
                und ich sô grôze missetât
                wider in begangen hân,
                und hæte im gerne mêr getân,
325   wan daz er mirz understuont,
                als die wîsen und die biderben tuont.
                swie sêre ich von im geêret bin,
                sô bin ich doch schuldic wider in.
                swaz er mich nu getriutet
330   und swaz er mir êre biutet,
                deste grœzer ist mîn riuwe,
                daz ich sô grôze untriuwe
                wider got und wider in begie.
                nu zeiget mich der werlde hie
335   und machet mîn buoze erkant
                allenthalben in diu lant,

---

309 hat *A*. 311 tugent *EB*. 312 W. ge ert *B*. 314 dô *f. A*, wz daz *B*. 315 lang *B*. 317 ein *AB*. 318 Vñ s. ir sült got sagñ d. *B*. 319 Der s. *E*; hat erbarmet *AEB*. 320 Vñ daz got vñ auch ich *E*, Vnd daz got auch sich *B*. 322 Vñ auch so *E*. 324 me *E*. 325 er *f. B*; mir ez *E*. 327 Wie wol ich *EB*. 329 Waz *B*. 330 swaz *f. EB*; eren *EB*. 333 vñ in b. *EB*. 335 Und *f. E*; bekant *EB*. 336 daz l. *B*.

       und saget daz wærlîche:
       er sî arm oder rîche,
       der mir sîn übel wîp bringet,
340 ir swære wirt geringet.
       ich benime ir ir ungüete
       und ringe ir daz gemüete,
       daz si gote und im rehte wirt
       und alle unvuoge verbirt.»
345 des wunschtens ir alle guotes,
       daz got ir reinen muotes
       ir sêle lieze geniezen.
       vil sêre si ir daz gehiezen,
       si woldenz niemer verdagen
350 und woldenz allenthalben sagen.
       ouch sprâchen die pfaffen:
       «wir wellenz alsô schaffen:
       swem sîn wîp leidet daz leben,
       dem welle wirz vür sîn sünde geben,
355 daz er si bringe dâ her,
       daz in got der sælden wer,
       daz si guot und rehte sinne
       und wîsheit hie gewinne.»
         Ditz wart ein lantmære,
360 daz diu vrouwe gewesen wære
       daz aller wirseste wîp,
       diu ie gewan wîbes lîp,
       und wære nu diu beste,
       die man lebende weste,

---

338 Ez *E*; ode *A*. 339 bringe *EB*. 340 die wirt ringe *EB*. 341 b. ir die *E*, b. ir vngute *B*. 342 senft *E*, send *B*; ir ir g. *A*. 345 wnschten si *AEB*. 346 des r. *E*, so rains *B*. 348 V. wol *EB*; daz *f. EB*. 349 wolten ez (*f. B*) *EB*. 350 Sie wôlten ez *E*. 351 Do s. *EB*. 352 wôllen ez *E*; anders sch. *EB*. 353 Wem *B*. 354 wir dz *B*. 355 Do er *E*; bringen tar h. *E*; pring her *B*. 356 gwer *A*; D. sei got des selbñ w. *B*. 364 nieman *E*; lebendig *B*.

365 und hæte sich des ûzgetân.
ir hæte got den gewalt verlân,
swelch übel wîp ir quæme,
daz si der ir übele næme.
dô diu vil rehte wârheit
370 von dem gadem wart geseit,
dâ diu vrouwe in gewesen was
(mit welcher nôt si dâ genas,
und swelchiu quæme noch dar in,
diu hæte den selben ungewin),
375 dô gedâhte ein ieslich übel wîp:
«ich hæte verlorn mînen lîp,
ob ich quæme in daz gaden.
der nœte wil ich mich entladen.
ich wil guot sîn und reine.»
380 des gedâhtens alle gemeine,
die dâ wâren in dem lande.
beide ir sünde und ir schande
die vermitens alsô sêre,
daz ir übele und ir unêre
385 vor vorhten alsô gar verswant,
daz man niender ein wîp vant
in dem lande, diu übel wære.
durch daz vil guote mære
wart diu vrouwe sô genæme,
390 daz sich dûhte widerzæme,
der si niht solde schouwen.
man hiez si die heiligen vrouwen

---

366 Daz ir g. d. g. het v. *A.*   368 v̇belin *E.*   371 Do (Da *B*) sie inne *EB.*   372 Vñ w. *EB*; dâ *f. EB.*   373 welhew *B*; noch qu. *AE B*; dar ein *B.*   374 s. pein *B.*   375 ieglich *EB.*   376 han v. *E*, verlür *B.*   377 kum *E.*   378 not *EB.*   380 gedahtes in *E*, gdachtū si *B.*   383 vᵃmiten sie *E.*   384 v̇belin *E.*   385 Von v. *EB*; alz g. *B.*   386 niendert kein *EB.*   389 Wurdñ die frawn *B.*   390 Daz er s. *AEB.*   392 heilig *B.*

und suochte si als ein heilictuom.
daz grôze lop und den ruom
395 behielt diu vrouwe unz an ir tôt.

Ez wære an manigen steten nôt,
daz ir noch dô einiu wære,
diu den liuten vride bære
vor übeler wîbe meisterschaft,
400 diu mit ganzer übele sint behaft.

---

393 svhten si *AE*, suchtñs *B*; alain heiltum *B*.   394 den *f. EB*.
395 unz *f. B*, hintz *E*.   396 Sin wart *A*.   398 der werlt *EB*; gebere *E*.
399 v̊beln wibē m. *E*.   400 grozzer *EB*; v̊belin *E. Nach* 400: Hie ist
daz mer auz gezalt   Got mach vns m^t gutñ weibñ alt   Amen *B*.

VII

Der Gevatterin Rat

    Ez was hie vor ein gebûre,
den dûhte bitter und sûre
bî sînem wîbe daz wesen.
ern' trûwete bî ir niht genesen
5 an der sêle noch an dem lîbe.
ez enwart deheinem wîbe
ir man nie mêre sô gram.
daz er ir den lîp niht nam,
daz liez er durch die liute mê
10 denne durch die geistlichen ê.
ern mohte ir niht zuogesprechen;
im wânde sîn herze brechen,
daz er si hôrte unde sach.

VII. *A* 154 (*Bl.* 117*va* – 121*ra*)   *H* 134 (*Bl.* 258*va* – 262*va*)   *E* 52
(*Bl.* 98*va* – 103*vb*)   *B* 33 (*Bl.* 114*ra* – 120*ra*)   [*K* 127: *I* 31]
  Überschriften: Ditz mere ist wie ein bloch wart   Begraben von der kvndigen gevateᵊn rat *H*. Võ einē gebure *E*. Daz mer von dem ploke *B*.
  1 pawr *B*.   4 Er t. niendert bi ir g. *EB*.   5 Weder an s. noch an l. *H*.   6 Izn *H*, Ezn *E*, wart *HEB*; keinem *HE*.   7 me *E*.
8 nicht dz lebū n. *B*; ennam *H*.   10 durh gaistleich ee *B*.   11 Er *EB*; sprechū *B*.   12 wolt s. *E*.   13 So er *EB*; oder s. *B*.

swaz si tet oder sprach,
15 daz dûhte in allez bœse.
«daz mich got von dir erlœse!»
daz sprach er ze allen zîten.
«wie sol ich des erbîten,
daz uns der tôt scheide?
20 der doner slahe uns beide!
der tîvel brâhte mich ze dir
und dich sîn muoter her ze mir.»
swenne er si roufte unde sluoc,
des endûhte in niemer genuoc,
25 unz er si vür tôt ligen liez.
er trat si sêre unde stiez;
des genuocte in vil selten.
sîn vluochen und sîn schelten
diu wâren âne mâze gar.
30 er nam der vuoge niender war.
er swuor vil ernstlîche,
alle die liute ûf ertrîche,
beidiu man, kint unde wîp,
ob die alle slüegen ûf ir lîp,
35 si würde niemer volslagen;
und kunde doch nieman gesagen,
waz gebresten an ir wære,
und was im doch unmære.
daz wîp diu weinde sêre.
40 si muote daz noch mêre,
daz er ir missetât nie gewuoc,
denne allez daz er si gesluoc.
er tet ir wirs denne wê

---

14 Waz *B*; ode s. *A*, vñ swaz sie s. *H*. 16 lose *EB*. 17 So s. *E*, Sprach er *B*. 22 her *f. B*. 23 Wenn *B*; er die *A*; oder s. *EB*. 24 D. dovcht *HEB*. 25 Hinz *EB*; fůr t. sie *E*. 29 Diu *f. EB*. 30 niendert *EB*. 34 Ob si *HEB*. 35 n. wol erslagē *H*. 36 Ern chvnde n. *H*. 37 gebrestes *E*. 39 diu *f. H*. 41 niht g. *B*. 42 slůc *EB*. 43 Ez t. *E*.

und zêch si dâ bî nihtes mê,
45 wan daz er ir vînt was.
sô si vil kûme genas,
sô sluoc er si aber nider
und habete danne niht wider,
unz er si brâhte in die nôt,
50 daz ir lieber der tôt
und ouch bezzer wære gewesen
denne alsô kumberlîche genesen.
  Dô sich ir nôt solde enden
und si got wolde wenden,
55 dô quam ein ir gevater dar;
diu wart ir leides wol gewar.
diu sprach: «gevater, saget mir
durch got, war umbe trûret ir?
ist iu mîn gevater gram,
60 ich mache in iu sô gehôrsam,
daz er iu niemer niht getuot
wan allez, daz iuch dunket guot.»
si sprach: «er ist mir gehaz,
ern weiz niht selbe umbe waz.
65 ich was im holt mit triuwen ie,
ich übergie sîn gebot nie.
sîn wille und sîn êre
die wâren mir alsô sêre
bevolchen sô mîn sêle.
70 der got, der Daniêle
von den lewen lôste sînen lîp,
der lœse mich vil armez wîp!
ichn kunde iu niemer volsagen,

---

44 zeich *H*; sei nicht *B*.   45 ir nicht holt *B*.   46 Do *EB*.   47 Do *A*.   49 Hintz *EB*.   50 michel l. *H*; l. wær gewesen (*f. B*) *AB*. 53 wolt *EB*.   55 ein *f. B*.   56 wol *f. B*.   57 Sie s. *EB*.   60 sô *f. B*.   61 iu *f. E*; nichts g. *E*; tut *B*.   62 daz v̊ *EB*.   64 Er *EB*. 69 Enpholhn̄ *B*; als m. *EB*.   71 dem l. *E*; den leib *B*.   73 Ich *EB*; v̊ ez *E*, ews *B*; vollen s. *HE*.

waz er mich gerouft hât und geslagen
75 und getreten und gestôzen.
under allen sînen genôzen
wart nie tiurer man geborn.
swenne er lieze sînen zorn,
ich engerte nihts vürbaz;
80 wan möhtet ir gevüegen daz,
daz er sîn slahen wolde lân.
des hât er mir sô vil getân,
tuot er mir mêr deheinen slac,
daz ich niht langer leben mac.»
85 dô sprach diu ander zehant:
«mîn triuwe diu sî iuwer pfant.
tuot als ich iuch lêre,
er gesleht iuch niemer mêre
und wirt iu dar zuo sô holt,
90 hæte er des keisers golt,
daz gæbe er iuwerm lîbe
ê denne deheinem wîbe.»
si sprach: «des ger ich niht.
gewinne oder hân ich iht,
95 des ir ze lône dar umbe gert,
des sît ir alles gewert,
daz ir mirz bringet dar zuo,
daz er sich slahens abetuo.»
si sprach: «sît ringes muotes,
100 ich ger niht iuwers guotes.
ich wil iu mîne meisterschaft

---

74 Wes *E*; hat gerovft *AHE*; Wie ser er mih hat gslagn̄ *B*.
78 Liez er newr s. z. *B*.   79 begert *E*, gert *B*; niht *AB*.   82 het *E*.
83 me *B*; keinen *E*.   84 fûrbaz leben *EB*.   79–84 *fehlen H*.   85 d.
gfatter *B*.   86 t. si des *EB*.   87 v̊ l. *EB*.   88 Ern *H*; slecht ew
B.   89 Vn̄ er *E*; v̊ also h. *E*, ew als h. *B*.   91 Des *E*.   92 keinē
E.   93 enger *HE*.   94 G. ich *HE*; ode *A*.   97 irs pᵉnget *B*.
100 Ichn *H*.

```
        erzeigen durch der liebe kraft,
        die ich iu lange hân getragen.
        irn sult an mir niht verzagen.
105     swaz ich iuch heize tuon, daz tuot.
        ich mache iu vröuderîchen muot.
        sô ir in von acker varn sehet,
        sô leget iuch nider unde jehet,
        iu tuo daz herze vil wê.
110     ich wil in ouch gesprechen ê
        und wil im wærlîche sagen,
        daz ir in disen zwein tagen
        vil gewislîche sterbet.
        nu sehet, daz ir werbet
115     vil rehte, als ich iu hân gesaget.
        iuch hât der sælden tac betaget,
        daz ich iu zuokomen bin.»
            Mit der rede gie si hin,
        dâ si in ze acker varn sach.
120     si gruozte in weinende unde sprach:
        «ouwê, trût gevater mîn,
        lât iuwer ze acker varn sîn!
        mîn trût gevater, iuwer wîp
        diu wil verwandeln den lîp,
125     si ist der tôt anekomen.»
        als er daz hâte vernomen,
        er sprach: «ez ist iuwer spot.»
        si sprach: «sô helfe mir got,
        irn gâhet danne vil sêre,
```

---

102 der *f. B*; lieben *H*.   103 han lange *H*.   104 Ir *EB*.   105 Wz ich *B*; tuon *f. H*.   106 vrevden richen *HEB*.   107 Als ir *EB*. 109 vollen we *E*.   110 ouch *f. EB*; besprechn̄ *B*.   114 Vñ s. *EB*; vᵉderbn̄t *B*.   115 hân *f. B*.   *Statt* 114–116: Vnde niht lange serbet Evch hat der selden tac betagt Der alder werlde wol behagt *H*. 122 ze *f. EB*.   123 trût *f. H*.   124 disen l. *H*.   129 Ir *EB*; engahet *E*; vil *f. H*.

130 irn gesehet si niemer mêre
     weder lebende noch gesunt.»
     er sprach: «hæte ich zehen pfunt,
     diu wolde ich iu ze lône geben.
     sol ich siben tage leben,
135 gelît mir daz wîp tôt,
     ich gibe iu gerne ein botenbrôt.
     swie mir ze vasten geschiht,
     ich wil deste ê dar heim niht.
     mich enlustet niht, daz ich si sehe,
140 sî daz mir sô wol geschehe,
     daz si verwandel daz leben.
     swaz ich dem pfaffen sol geben,
     dâ vür setze ich im ein pfant,
     daz er mir helfe zehant,
145 daz si begraben werde.
     verslünde si diu erde,
     sô wolde ich vrô dar heim varn;
     daz wil ich ê vil wol bewarn.
     die wîle ich si unbegraben weiz,
150 sô switze ich bluotigen sweiz.
     swaz ir welt, das gebet dar abe,
     daz man ir balde ein grap grabe,
     swenne ir diu sêle ûzgê.
     begrabet ir si ein lützel ê,
155 si stirbet in dem grabe wol.
     swaz ez mich danne kosten sol,
     daz ich si vinde begraben,
     den schaden wil ich gerne haben.»

---

130 Ir *EB*.   131 lebendic *E*.   133 D. sold *H*.   135 Vñ leit m. *B*;
d. liebe w. *A*.   136 g. ew ain gᵃn dz *B*.   137 S. vil m. *H*.   138 wil
niht e *A*; e haim *HB*, e hin heim *E*.   139 M. lûstet *EB*.   142 Waz *B*.
143 ich *f. A*; setzet im *E*; ich nv *H*.   147 frôlich heim *EB*.   148 ê *f. B*.
151 Waz *B*.   152 ein grûbe *EB*.   153 Als ir *H*.   154 irz ovch *H*;
ein wenic *HEB*.   155 der grûben *EB*.   156 Waz *B*.   158 wôlt (wil *B*)
ich wenic clagen *EB*.

Dô gie si balde von dan
160 und gedâhte vaste dar an,
wie si ir gevatern beide
lôste von ir leide.
si muote ir beider ungemach.
zuo dem wîbe si sprach,
165 dô si hin wider heim quam:
‹mîn gevater ist iu vil gram.
nu sît ein herzehaftez wîp.
ir werdet im liep sam sîn lîp.
nu suochet her vür zehant
170 iuwer beste lîngewant
und dar zuo allez iuwer guot,
daz ir vor dem wirte hât behuot:
silber, kleider, pfenninge.
deiswâr, ich mache iu ringe
175 mit ein ander iuwer leben,
oder ich wil iu mînen lîp geben.›
dô si ir guot allez brâhte,
diu meisterinne gâhte,
daz siz in secke gestiez.
180 ir gevatern si hiez
vil balde mit ir heim gân.
daz wart vil schiere getân.
si quâmen tougenlîche dar
und truogen mit in daz guot gar,
185 des ir gevater alsô wielt,

---

160 dahte *H.* 161 ir gevetride *E.* 162 Er loste *H.* 164 do s. *HE.*
Statt 163.164: Zu dem weib si do sprach   Mir ist lait meins gefattᵉn
vngemah *B.*   167 herzehaftez *HEB.*   168 alsam der l. *E*,
alz sein l. *B.*   169 Vñ s. *AEB*; traget *H*; fvr her *HEB.*   170 bestez *EB*; linin g. *HE.*   171 daz gvt *H.*   173 Tvch cleider *H.*
174 Zwar *B.*   176 Ode *A.*   177 g. gar b. *EB.*   178 gedaht *EB.*
179 sie ez *EB*; stiez *E.*   182 D. war *B*; vil *f. H.*   184 mit in *f. H*;
Vñ brahten d. g. mit ir gar (in dar *B*) *EB.*   185 Daz *E.*

   daz siz dem wirte vorbehielt.
   dô was diu meisterinne
   ein wîp vol rîcher sinne.
   si was lange âne man genesen
190 und wolde ouch iemer alsô wesen
   und was vil wârhaft erkant.
   dâ von geloupten ir zehant
   ir gevatern beide deste baz;
   sine warp ouch niender umbe ir haz.
195 si hâte ein schœnez slâfgaden,
   daz was geworht mit guoten laden.
   dâ tet si ir gevatern in
   und gie vil balde wider hin.
   Nu merket, wes si dô pflac:
200 in ir gevatern hove lac
   ein bloch wol alsô swære,
   als ez ein mensche wære;
   ez was ouch in der mâze grôz.
   vil balde si den hof beslôz.
205 daz bloch si in daz hûs truoc,
   daz si des nieman zuogewuoc.
   sîn wart ouch nieman gewar.
   dô kleidete si daz bloch gar
   und machte ez alsô gestalt,
210 daz ez, weder junc noch alt,
   nieman hæte anegesehen,
   ern müese ez zeinem tôten jehen:
   alsô machte si ez geschaffen.

---

186 sie ez *E*; vur gehielt *H*. 188 volliv *A*. 191 was auch vil *EB*. 192 geloupt man *A*. 193 beide *f. EB*. 194 Sie *EB*; niendert *EB*. 195 schone *A*. 196 von g. l. *EB*. 199 horet *H*. 201 als s. *E*. 202 Sam iz *H*. 203 Vn̄ w. *H*. 204 Den hof sie vaste b. *H*. 205 Den b. *E*. 206 Als si *E*; des *f. H*. 207 Ez w. *E*. 208 bekleii *E*. 211 h. ez *EB*. 212 Er mv̈st ez zv einē (müsts ze aim *B*) *HEB*. 213 Sus *E*, Sust *B*; siz *HB*.

      dô gienc si zuo dem pfaffen
215 und sagete im daz mære,
      daz ir gevater tôt wære
      nähten spâte vor der hankrât:
      «nu enwil der wirt deheinen rât
      von sînem zorne des haben,
220 sine werde hînte begraben.
      ern wil ouch zuo ir grabe niht.
      swaz im ze gebene geschiht,
      dâ vür setze ich iu ein pfant,
      daz ir si leget sâ zehant.»
225 der pfaffe sprach: «wie ist daz komen?
      ich solde ir bîhte hân vernomen
      und solde ir rehte hân getân
      und solde ir ouch geliutet hân
      dar nâch zehant, dô si starp.»
230 «daz ir daz hie nieman warp»,
      sô sprach diu meisterinne,
      «daz schuof diu grôze unminne,
      die ir der wirt nu lange truoc;
      der endûhte in dannoch niht genuoc.
235 dâne hât er sich niht wol behuot;
      dâ vür nemet ir sîn guot.
      ich setze iu pfant, vür swaz ir welt,
      daz ir langer niht entwelt,
      irn leget si, dâ si ligen sol.
240 ir hât an ir bîhte wol
      dicke und ofte vernomen:

---

214 gie*HEB*.   215 seit im *E*.   216 Wie ir *E*.   217 spât *f. HEB*.
218 Nv wil *HEB*; keinen *H*, dekeinen *E*.   219 For s. *EB*; dz h. *B*.
220 Sie *EB*; hienet *A*, hevte *HEB*.   221 Er *EB*.   222 gelten *EB*.
224 sâ *f. B*.   228 Man s. *EB*.   231 Do s. *AEB*.   233 nu *f. EB*.
234 davcht *HEB*.   235 si n. *H*; Hat er sie (sich *B*) niht an ir b. *EB*.
236 ir *f. A*.   237 waz *EB*.   238 lenger *B*.   239 Ir *AEB*.   240 h.
e ir *EB*.   241 Vil d. *H*.

si ist mit triuwen herbekomen.
nu ist si des gæhen endes beliben.
sît an den buochen ist geschriben,
245 swie der rehte mensche stirbet,
daz diu sêle niht verdirbet:
dâ von sult ir gewis wesen,
daz ir diu sêle ist wol genesen.»
«nu gât hin balde», sprach er,
250 «und bringet mir ein pfant her,
daz zweier pfunde wert sî.»
sîne knehte stuonden dâ bî;
die sande er nâch dem tôten.
dem bloche wart geschrôten
255 ein grap; dar in siz huoben
und ez vil wol begruoben.
swie dem pfaffen was gelogen,
er was iedoch niht gar betrogen:
er het ein pfant vür zwei pfunt.
260 Daz tet diu meisterinne kunt
ir gevatern vil schiere.
der ochsen wâren viere,
dâ mit er ze acker gie.
er sprach: «gevater, nemet hie
265 dise ochsen mit dem pfluoge.
ob iu des niht genuoge,
daz sult ir mich wizzen lân.
ich gæbe iu halbez, daz ich hân,
ê ich mich der mære verzige.
270 nu hât mîn vröude den sige

---

242 her choṁ *HEB*. 243 Vñ ist des *EB*; todes *HEB*. 248 Ir ist d.
E, Vñ ist ir d. *B*; Sie ist zv der sele w. g. *H*. 252 Di *A*. 253 sander *A*.
255 da sis ein *H*; sie ez *E*. 256 Vñ daz *EB*. 257 Wie *B*. 258 i.
vil vmbe trogen *EB*. 265 Disen *H*; Die vier o. vñ den pflùc *EB*.
266 v̂ch des dûnket n. g. *E*, ew dunkt n. g. *B*. 268 h. swaz *E*,
waz *B*.

an mînem herzenleide erstriten.
der sælden hân ich kûme erbiten.»
dô sprach diu meisterinne:
«gevater, ich gewinne
275 iuwer guot wol, swenne ich wil.
ez sî wênic oder vil,
swaz iu ze liebe sî geschehen,
der genâden sult ir gote jehen;
des bin ich âne schulde.
280 doch wil ich iuwer hulde
ze botenbrôte gerne hân
und wil iuch des niht erlân,
irn gebet mir iuwer triuwe
und leistet ez âne riuwe:
285 swenne iuwer muot ze minnen stê,
daz ir ein wîp ze iuwer ê
nâch mînem râte kieset.
swaz ir dar an verlieset,
deiswâr, des wirt vil kleine.
290 ich enrâte iu an deheine,
irn müezet mir des iemer jehen,
ez enwürde nie bezzer wîp gesehen.»
er sprach: «des wil ich iu swern.
die wolfe müezen mich verzern
295 (ich weiz iuch wol sô reine),
genæme ich iemer deheine,
wan die mir zeiget iuwer rât.
daz ir mir sô vil guotes hât
beidiu getân und noch tuot,

---

271 h*tze e. *E*, hertzñ e. *B*. 272 selde *H*. 275 wenn *B*. 278 von got *EB*; geiehen *A*. 283 Ir gebt *EB*. 284 laistez *H*, l. ein r. *E*, l. ane r. *B*. 285 Wen *B*; frauwē s. *EB*. 286 zў reht⁹ *EB*. 289 Zwar *B*; daz w. *EB*. 290 Ichn (Ich *EB*) rat *HEB*; keine *H*, dekeine *E*. 291 Ir *EB*; mir *f. A*. 292 Iz (Ez *EB*) würde *HEB*. 295 wol *f. EB*. 296 keine *HEB*. 299 Beidiu *f. H*; ovch noch t. *H*, auch t. *B*.

300 des gibe ich lîp unde guot
vil gar in iuwer gebot.
ir sît mir lieber denne got.»
  Sîn hôchgemüete daz nam zuo
mit vröuden spâte unde vruo.
305 swaz im leides ie gewar,
des vergaz er vil gar,
daz er kûme âne wîp beleip,
unz er vünf wochen vertreip.
dô sprach er: «trût gevater mîn,
310 ich enmac niht âne wîp sîn.
nu machet aber niuwe
die gevaterlichen triuwe
und helfet mir, daz ich iuwer kunst
und iuwer gevaterlichen gunst
315 dar an geniezen müeze.
diu mære sint sô süeze,
diu man seit von wîbes güete,
daz ich niemer mîn gemüete
vürbaz getwingen mac.
320 sol ich mêr deheinen tac
eines wîbes enbern,
sô enmac ich langer niht gewern.»
si sprach: «gevater, nu sît vrô.
ich wil ez vüegen alsô,
325 daz ich iu zeigen wil ein wîp,
diu einen wunniclichen lîp
von gotes meisterschefte hât,

---

300 ich v̆ *EB*. 304 Beide s. *EB*. 305 Waz *B*. 306 er also g. *H*, er do v. *EB*. 308 Hinz *EB*. 310 Ichn (Ich *EB*) mag *HEB*; gesein *B*. 312 gefetterleich t. *B*. 313 ich /. *E*. 314 ewern vruntlichen g. *H*, v̆w͛ grozze v͊nūst *E*, ewr grozzn̄ vernunft *B*. 317 saget *HEB*. 318 niht me *A*, immer *H*. 319 mer betwingen *EB*. 320 me *EB*; keinen *HE*. 322 So mag *HEB*; leng͛ *EB*. 323 g. wesent *EB*. 325 zeige ein *EB*. 327 meisterschafte *E*.

der allez daz ze wunsche stât,
daz man an vrouwen loben sol.
330 si ist der tugende sô vol,
ist ez an iuwerm heile,
daz si iu wirt ze teile,
sô geschach nie mannes lîbe
sô wol an einem wîbe.
335 si ist ouch alsô stæte,
daz si nieman des erbæte,
daz si iemer würde mannes wîp,
si tuo ez danne durch mînen lîp.
nu enthabet iuch dise wochen,
340 unz ich si hân gesprochen.
ich sol in disen sechs tagen
daz zesamene hân getragen,
daz ir ein ander muget sehen.
daz muoz ir halp geschehen
345 von mîner grôzen arbeit.
sît ich iu von ir hân geseit,
ich wâge guot unde lîp,
si müeze werden iuwer wîp.»
er neic ir unde sprach alsô:
350 «gevater, ich bin iuwer vrô.
ir sult gebieten über mich.
swie ir welt, sô wil ich.
mit worten und mit muote,
mit lîbe und mit guote
355 diene ich nâch iuwern hulden.

---

329 wiben *HEB*; brûfen *EB*. 330 Vñ ist aller t. vol *EB*. 334 mit
e. *H*. 337 nimm⁸ *E*. 338 Sine *H*. 339 die w. *EB*. 340 Vntz
daz han ich sie *H*, Hintz han ich sie *EB*; besprochen *HB*. 341 Sol
ich *H*, Ich wil *EB*; siben t. *EB*. 342 hân *f. H*; Gefûklichen an tragen
EB. 344 halben *H*; beschehñ *B*. 345 grozer miner *H*. 348 Sine
H; Wan si ist ain minnikleichs weib *B*. 351 g. alze hât *H*. 352 Swaz
H, Wie *B*; daz (als *E*) w. ovch ich *HE*, also w. ich *B*. 355 mit ewrn *B*.

ich bin von iuwern schulden
ein vröudenrîche, sælic man.»
Er schiet mit urloube dan
und pflac wol sînes lîbes.
360 dô pflac ouch si des wîbes
sô rehte meisterlîche wol,
daz man si dar umbe loben sol.
si lie si niender vür daz gaden.
ezzen, slâfen unde baden,
365 daz was ein leben, des si pflac.
ir bette, dâ si ûfe lac,
daz was vil senfte unde hôch.
dar ûf mohte ein sneller vlôch
mit sprüngen niht gelangen.
370 ez was vil wol behangen
al umbe und umbe vür den stoup.
schœnez gras und grüenez loup,
des lac der estrich vol.
dille und wende wâren wol
375 mit schœnen bluomen bedecket;
der was dar an gestecket,
daz man dâ niht wan bluomen sach.
ir was sô wol, daz si des jach,
si wære in dem paradîse.
380 der aller besten spîse,
diu an den market veile quam,
ez wære wilt oder zam,

---

356 Wañ ich *EB*. 357 Bin ein frâudenricher man *EB*. 358 von dan *EB*. 359 auch wol s. *B*. 359–362 *fehlen E*. 363 Diene liezze *H*; niendert *EB*. 364 E. t°nkñ s. padñ *B*. 365 ir l. *B*. 367 vil *f. HB*; lind *B*. 368 Dane m. *H*; mohte *f. E*; snelliu *E*, sneller *f. B*. 369 springen *HB*; erlangen *A*. 371 Al *f. B*. 372 Beide kravt graz vñ l. *H*, Sch. krut gras vñ l. *EB*. 374 Dillen *H*. 375 Mit b. gar b. *H*; Da mit schon b. *B*; gedechet *A*. 376 Die warn *E*, Vñ w. *B*. 377 D. nieman niht w. *A*. 381 dem m. *A*. 382 Sie *HEB*.

des koufte diu meisterinne genuoc,
wan si den biutel vol truoc
385 ir gevatern pfenninge;
die dûhten si vil ringe.
si kunde ouch vil wol kochen
und machte in den sechs wochen
ir gevatern einen sô schœnen lîp,
390 daz man ein sô schœne wîp
in der gegende niender vant.
si hâte ouch bezzer gewant
denne dehein gebûrinne dâ:
einen niuwen mantel, der was blâ
395 (der was genât ze vlîze),
ein snœde kürsen wîze,
die si dar under truoc
(die stuonden beidiu wol genuoc),
ein sîdîn houbetlachen guot
400 und einen wol gestalden huot
und guot lînîn gewant.
dem si ê was wol bekant,
dem wart si nu vremde.
ir rockelîn und ir hemde
405 diu wâren kleine unde wîz.
si hâte michelen vlîz
an kleine valden geleit.
ir gürtel was zemâzen breit:
daz was ein borte wol beslagen.
410 dar an muose si tragen

---

383 Der *HEB*.   384 in dem b. *H*; vol *f. HB*.   385 gevater *E*.
387 vil *f. EB*.   389 ein *AB*; sô schœnen *f. EB*.   390 ein *f. H*; ain
schönª w. *B*.   391 niendert *EB*.   393 kein g. *H*, keines geburn *E*,
dehains pawrñ *B*.   394 der was *f. B*.   395 Gesniten wol z✝ (nach *B*)
EB.   396 nuwe k. *E*, schön k. *B*.   397 Sie vnder dem mantel t. *EB*.
399 hawptuch *B*.   400 w. stenden h. *H*.   402 e wol was *A*, was e
vil wol *E*.   403 was *EB*.   404 rockel *H*, rok *B*.   405 w. klar *B*.
407 An die v. *EB*; valde *A*.   408 zv maze *H*.   409 Ez w. *H*; wol *f. B*.

einen schœnen biutel würzen vol.
ir schuohe stuonden harte wol
und ir wîze schebelinge.
si was ouch aller dinge
415 volkomen an dem lîbe
ze einem biderben wîbe.
 Dô diu sechste woche ende nam,
der man vil vrœlîche quam.
dô enpfie in sîn gevater wol.
420 «ichn weiz, wes ich geniezen sol»,
sô sprach diu meisterinne,
«ich hân umbe iuwer minne
erliten michel arbeit
und hân von iuwer vrümikeit
425 iuch vil vaste vermæret.
ist daz irz niht bewæret,
sô hân ich mîn êre verlorn.
ich hân vil sêre gesworn,
ir sît biderbe und gewære,
430 getriuwe und êrbære,
gevüege, milde unde guot,
bescheiden, stæte und wol gemuot.
daz hân ich her ze mir genomen.
nu wil diu vrouwe herkomen
435 und wil iuch hiute gesehen.
daz sol sô stille geschehen,
daz ez nieman wizze wan wir.
si wil hie enbîzen mit mir.

---

411 gûten b. *E*; Ain pawtl gut⁸ w. v. *B*.   412 gar w. *B*.   413 wizen *H*.   416 Zeinem vil (*f. A*) b. *AH*, Z♄ einē wᵉden *EB*.   417 ein e. *EB*. 419 enphiench *HEB*.   420 Ich *EB*; enweiz *E*; waz ichz *HB,* waz ich *E*; ensol *A*.   421 Sô *f. EB*.   424 iuwer *f. E*.   425 vil *f. H*. 426 ir iz *H*, ir ez *E*.   429.430 *umgestellt H*.   432 und *f. A*.   433 her zv g. *H*, vf mich g. *EB*.   437 wizzen *H*; danne *HE*.   438 wil e. hie *E*; Ich vn̄ si vnd ier *B*.

sô sult ouch ir hie ezzen
440 und sult des niht vergezzen,
als ir die messe hât vernomen,
ir sult sô heimlîche komen,
daz nieman wizze, wâ ir sît.
wir suln ez heln unz an die zît,
445 daz wir tougen gesehen,
wes wir offenlîche wellen jehen.»
dô muose er zuo der kirchen gân.
(daz hæte er gerne verlân.
in dûhte diu wîle vil lanc,
450 unz man die messe gesanc.)
dô entsagete er sich den liuten gar
und quam vil heimlîche dar.
dô liez in sîn gevater in
und wîste in in daz gadem hin,
455 daz alsô wol geblüemet was.
niuwez loup und schœnez gras
daz machte dar inne küele.
dâ hâte si die stüele
mit vêhen küssen bedaht
460 und hâte alle die naht
bereitet wol ze prîse
ein wirtschaft guoter spîse.
dô er hin in daz gadem gie,
daz wîp in minniclîche enpfie;
465 daz galt er ir mit witzen.
si hiez in zuo ir sitzen;

---

439 Vnd s. auch *B*. 441 Also *A*. 443 wer ir *HB*. 444 h. an der *H*; hintz *E*, piz *B*. 445 besehen *EB*. 447 mvste *HEB*; der *f. EB*. 448 lieber lan *B*. 450 Biz *EB*; die *f. H*. 451 entseit *EB*. 453 gefetterlein *B*. 454 In daz schön g. hin ein *B*. 455 D. do (da *B*) so w. *HEB*. 456 Newe l. kravt vñ g. *H*; grûnez g. *EB*. 458 Nu het auch sie *EB*. 459 wehñ *B*. 460 hetñ *B*; h. avch *H*; div n. *B*. 463 hin *f. HEB*. 466 zv zir *H*.

des dûhte er sich ein sælic man.
er sach si vrœlîche an.
dô was si ein sô schœne wîp,
470 daz in dûhte, sîn lîp
wære iemer mêr vor aller nôt
gevrîet unz an sînen tôt,
würde si im ze teile:
daz wære vor allem heile
475 sîn beste sælde iemer mê.
hâte er si ie gesehen ê,
daz was im nu vil unbekant.
dô gap im wazzer zehant
ir gevater diu wîse,
480 und gap im guoter spîse
eine wirtschaft vollîclîche.
der man was vröuden rîche
durch die schœne des wîbes.
in dûhte, ob er ir lîbes
485 gewaldic wesen solde,
daz er niemer werden wolde
unsælic, arm noch unvrô.
er wolde ouch danken alsô
sîner gevatern unde gote.
490 er wolde ir zweier gebote
leisten mit grœzer stæte,
denne ie dehein man getæte.
dô daz ezzen ergie,
sîn gevatern er gevie
495 vrœlîche bî der hende.
hin an des gadems ende

---

469 Do davchte sie in *HE*, Si dawht in *B*; sô *f. EB*; schonez w. *HEB*.
471 W. i. me *H*, W. ebikleich *B*. 472 hintz *B*. 476 ie *f. B*. 477 nu *f. EB*; vil *f. H*. 479 Sin g. *EB*. 481 willecliche *HEB*. 484 des l. *H*.
487 vn̄ u. *H*. 491 mit *f. HE*. 492 kein *H*, de kein *E*; tete *EB*.

wiste er si von dem wîbe.
er sprach: «mit mînem lîbe
und mit allem mînem guote
500 tuot, swes iu sî ze muote
und samnet mich und daz wîp.
daz bîten benimet mir den lîp».
dô sprach si: «ich entsitze daz,
daz mîn gevater grôzen haz
505 von iu ie muose dulden,
ichn weiz, von welchen schulden.
tuot ir disem wîbe alsam,
daz wirt ein houbethaftiu scham,
in der ich danne müese bestân,
510 wan ich vür iuch gelobet hân,
ir sît der beste wîbes man,
den diu werlt ie gewan.»
«dâ vür nemet mînen eit
und alle die gewisheit,
515 der ir gedenket», sprach er.
si sprach: «nu gât ze naht her
und liget ir tougenlîche bî.
swie si iu morgen danne sî,
dar nâch sul wir uns kêren.
520 wir sîn von unsern êren
beidiu samt gescheiden,
beginnet si iu leiden
(daz sint gar iuwer schulde),
sô versage ich iu mîn hulde.

---

497 Besunder von d. w. *EB*. 500 swaz *E*. 502 paiten nimet *HEB*; mir der l. *H*, minē l. *EB*. 503 Sie s. *H*; ichn sitze *E*. 505 ie *f. H*. 506 Ich enweiz *HB*. 507 ir nv *H*; sam *H*. 508 ein haubthaftige sch. *E*, mir ain groz sch. *B*. 508 *f. H*. 509 mv̇z *H*, mûst *E*, muz *B*; gestan *HE*, stan *B*. 510 Wand *A*. 512 dise werlde *H*. 513 v⁰nemt *B*. 515 erdenkt *B*. 516 zv̇ hant *E*. 518 danne morgē *HB*. 521 Beide *HEB*. 523 D. ist *EB*. 524 v⁰sagt *E*.

525 si ist sô gänzlîche guot;
wolde ein herre sînen muot
an ein wîp durch tugende kêren,
der næme si ze allen êren.
lât sehen, ob ir dar zuo tuget,
530 daz ir guot vür guot genemen muget.»
«jâ ich», sprach er, «ob got wil.
wirt mîner sælden sô vil,
daz si mir holt mac gewesen,
sô möhte ein pfaffe niht erlesen
535 die manicvalden êre,
die ich iemer an si kêre.»
si sprach: «gât hinnen verholn
und komt her wider verstoln
hînte sô man slâfen sol.
540 ich hœre morgen vruo wol,
welch geist iuch danne vüeret.
swaz ir mir nu geswüeret,
ich geloube iu danne âne eide baz.
nu sprechent doch die wîsen daz:
545 würde dem tôren goldes iht,
ezn mohte in doch gehelfen niht.
swer sich der êren niht erwert,
dem ist ir deste mêr beschert.»
    Dô gie er dannen über maht
550 und quam hin wider ze naht.
dô wart er wol enpfangen.

---

528 Er n. *HEB.* 529 Nv l. *H.* 530 nemen *HB.* 531 ich *f. H.*
532 also v. *EB.* 533 wesen *EB.* 534 Sie kûnde *E*, So künd *B*; lesñ
B. 535 vil manicvalde *H*, manicvaltigē *E*, manig valtig *B.* 537 hin
H, hinnan *E.* 539 Hincenaht *A*, Ze nacht *HE*, Ze hant *B.* 540 vruo
f. B. 541 danne *f. B.* 542 Waz *B*; swuret *HEB.* 543 danne *f. B.*
545 Vinde der (ein *EB*) t. *HEB.* 546 Ez *EB*; mvge *HEB.* 547 Wer
B; wert *HB.* 548 Ir i. *H*; me *HE.* 549 giencE; er danne *H*, er wider
EB. 550 dar wider hin *H.*

dô was diu naht ergangen,
ê denne im liep wære.
«daz ist daz bœste mære»,
555 sprach er, «daz ich ie vernam.»
dô sîn gevater dar quam
und sprach: «stât ûf, ez ist tac»,
er sprach: «gevater, ich enmac.
swaz mir dar umbe geschiht,
560 ichn kome von dem wîbe niht.
ichn weiz, waz got genâden habe,
er hât mir rehte her abe
ein himelrîche gegeben.
lieze er mich sô lange leben,
565 daz ich michs wol geniete,
sô wære reht, daz ich in miete
mit dem guote und mit dem lîbe.»
Sus lac er bî dem wîbe
vil lange naht unde tac.
570 swie vil er bî ir gelac,
des endûhte in allez niht genuoc.
er lie den wagen und den pfluoc
sô lange dar umbe stille stân,
daz im zuo begunden gân
575 sîne vriunde alle unde jâhen,
dô si in ligen sâhen,
er wolde gar verderben,
und hiezen in werben
als ein ander sîn genôz.

---

552 Als d. n. was *EB*; zergangen *E*. 553 Do wart im hart (gar *B*) swere *EB*. 554 Ditz *HE*; pest *B*. 557 Sie s. *EB*. 558 ichn mac *AE*. 559 Waz *B*. 560 Ich *HEB*. 561 Ich *B*. 564 Vñ l. *B*; m. nv so *HE*. 565 mich ez doch g. *H*, mich ir w. g. *EB*; genietet *A*. 566 So ist r. *EB*; mietet *A*. 567 Mit g. vñ m. l. *EB*. 568 Svst *HB*; beleip *H*. 571 D. dawcht *B*; allez /. *EB*. 573 l. stille dar vmbe *H*. 574 zv im *AB*. 576 So *EB*. 578 So h. sie *EB*. 579 einen and°n sinen *AEB*.

580 er sprach: «diu liebe ist sô grôz,
diu mich zuo dem wîbe twinget:
swer mich von ir bringet,
daz muoz mit zouber geschehen.
ich hân alrêrste gesehen
585 waz genâde an guoten wîben ist.»
sus lac er stille unz an die vrist,
daz die vremden und die kunden
sîn leben gar bevunden
in der gegende über al,
590 wan er sich nieman des enhal,
im hæte got an ir gegeben
hie enerde ein himelrîches leben.
alsô verzerte der man
allez, daz er ie gewan.
595 Dô sprach er zuo dem wîbe:
«ich muoz bî dînem lîbe
vor hunger ligen tôt.
uns enwil nieman ein brôt
weder lîhen noch geben.
600 sol ich verliesen mîn leben,
daz muoz hie bî dir geschehen.
ich stirbe, sol ich dich niht sehen.»
dô si wol hâte vernomen,
daz er von ir niht mohte komen
605 sô verre, unz er gewünne ein brôt,
dône wolde si sô grôze nôt
mit der liebe niht erwerben,

---

580 iach *EB*.   581 zum *B*.   584 alrest *HB*, al erste *E*.   585 gnaden *A*; lit *EB*.   586 Svst *HB*; stille *f. B*; hintz *EB*; zit *EB*.   590 Wande *A*; sich des nit enhal (nicht hal *B*) *EB*.   591 enhete *H*; gebn̄ *B*. 592 an erde *H*, vf erden (erd *B*) *EB*; himelisches (himelisch *E*, himel *B*) lebē *HEB*.   593 Alsus *E*; verzert *HEB*.   598 Vns wil *HEB*. 600 daz l. *EB*.   602 ich din *EB*.   603 wol *f. EB*.   605 hintz *EB*. 606 Do *EB*.   607 l. wol e. *H*.

daz si hungers wolde sterben.
«durch got, nu saget», sprach daz wîp,
610 «von welchen schulden ist mîn lîp
nu sô guot wider ê,
dô ir mir tâtet sô wê
mit slegen naht unde tac?
ich weiz wol, als ich ê lac,
615 alsô hân ich sît bî iu gelegen.»
dô tet er vür sich einen segen
und sprach: «hâstu mir wâr geseit?»
si sprach «ez ist diu wârheit.
ich starp niht, ich lebe noch
620 und hân dich underwîset doch,
daz du ein vil tumber man bist
und enweist, waz übel oder guot ist.»
er sprach: «nu swîge durch got.
ich muoz der lantliute spot
625 lîden unz an mînen tôt.
si tuont mir sô grôze nôt,
gevreischent si daz mære,
daz ich gerner tôt wære.»
  Swie wol si ez verdageten
630 und ez nieman sageten,
daz mære wart doch in zwelf tagen
durch die gegende getragen
allenthalben in daz lant.
dô man die wârheit bevant,
635 dô wart er sô ze schalle,
daz die lantliute alle

---

609 nu *f. B.* 610 swelchen *H.* 613 slahen *EB.* 614 als (wie *B*)
ich do l. *EB.* 615 bin ich *EB*; bî iu *f. EB.* 617 Er s. *EB*; mir *f. B.*
619 Ichn *H.* 621 vil *f. EB.* 625 hintz *EB.* 627 Vreischent *H*,
Vernement *EB.* 628 lieber *B.* 629 Wie *B*; siz *A.* 630 ez *f. HE*;
n. nicht *H*; ensageten *HE.* 631 doch *f. HEB.* 633 durch d. l. *EB.*
634 ervant *EB.*

mit im unmüezic wâren.
in allen sînen jâren
mohte er den spot niht überstreben.
640 solde er tûsent jâr leben,
er wære der liute spot gewesen.
sît liez er daz wîp genesen.
die entorste er schelden noch loben,
man næme ez anders vür ein toben.
645 sus was sîn tumpheit erkant
und was sîn wîsheit geschant.

Wan daz man ez niht versuochen sol,
man vünde noch den man wol,
den man alsô wol betrüge,
650 der im sô kündiclîche lüge.

---

643 getorst *HEB*. 644 næmez a. *A*, nant (nam *EB*) ietweders *HEB*. 645 Svst *HB*; wart *EB*. 646 was *f. EB*. 647 mans *HB*. 649 wol also *A*. 650 Dem man so *H*. *Nach* 650: An all missewend Hie hat ditz mer ain end *B*.

VIII

Der kluge Knecht

Hœret, waz einem manne geschach,
an dem sîn êlich wîp zebrach
beide ir triuwe und ir reht.
der hâte einen gevüegen kneht.
5 der wart des an ir innen,
daz si begunde minnen
heimlîche ir pfarrære;
daz was dem knehte swære.
er halz dem meister umbe daz:
10 er vorhte, er würde im gehaz,
ob er im des verjæhe,
ê er die wârheit sæhe.

Der wirt vuor ze acker und ze holz.
daz wîp hövisch unde stolz,
15 sô si in den hof sach rûmen,
sône wolde siz niht sûmen,

VIII. *A* 62 (*Bl.* 45vb – 47vb)   *H* 182 (*Bl.* 318va – 320vb) [*eine stark abweichende Bearbeitung:* H 209]
Überschrift: Ditz ist von einem kvndigen knehte   Ein vil schones mere (*größtenteils ausradiert, daher Lesung unsicher*) *H*.
4 Do het er *H*.   9 hal ez *H*.   14 waz h. *H*.   16 Sonen w. si ez *H*.

sine koufte met unde wîn.
swaz guoter spîse mohte sîn,
der briet si vil unde sôt.
20 sô si dem pfaffen danne enbôt,
daz der wirt was entwichen,
sô quam er dar geslichen,
als ein minnediep von rehte sol.
sô si danne gâzen harte wol,
25 sô begundens an ein bette gân
und begunden dâ kurzwîle hân.
alsô vertriben si manigen tac.
ie nahtes, sô der wirt lac
bî dem wîbe unde slief,
30 sô pflac si, daz si in anerief,
unz er sîn slâfen muose lân.
si hiez in balde ûfstân
und hiez in hin ze holze varn.
si sprach: «wil du die vart sparn,
35 unz uns diu naht gerûmet,
sô hâst du dich versûmet.
die tage sint zemâzen lanc;
daz nim in dînen gedanc
und var enwec balde.
40 ez ist verre hin ze walde;
ouch sint diu rinder harte laz.
du solt dich vrüejen deste baz».
«deiswâr», gedâhte der kneht,
«ez wære billich unde reht,
45 weste mîn meister iuwern muot,
waz ir untriuwen uns tuot.
deiswâr, mac ich ez gevüegen,

---

17 Si *AH*. 18 gvte *H*. 22 nv dar *H*. 25 begonden si danne *H*.
30 daz sin a. *H*. 31 mvste *H*. 34 wilt *H*. 45 Wesse *A*. 46 vns
vntrewen *H*.

ich wil iuch schiere rüegen
sô rehte mit der wârheit,
50 daz ez iu wirt ein herzeleit.»
dô si zuo dem viuwer quâmen
und ir gewant an sich genâmen,
dô swuor der kneht dâ vür,
ern quæme tâlanc vür die tür,
55 ern wære vil wol enbizzen ê;
im tæte der hunger sô wê,
daz er enbîzen solde,
ê er iender varn wolde.
daz was der vrouwen ungemach.
60 iedoch dô si den ernst ersach,
dô brâhte si einen kæse und brôt.
si sprach: «nu iz den grimmigen tôt!
dune tuost ez durch den hunger niht.
maht du daz werc gesûmen iht,
65 des bist du alle zît bereit
durch dîne grôze schalcheit.»
si âzen, als si wolden,
und vuoren, als si solden.
dô si verre quâmen an die vart:
70 «meister, nemet disen gart»,
sprach der kneht wider in,
«unde vart ein wîle hin.
ich muoz hin wider gân;
ich hân dâ heime verlân
75 mîne viustelinge und mînen huot.»
des wart der meister ungemuot,
doch sprach er: «nu louf balde!»
und vuor er hin ze walde.

---

50 hᵉzenleit *H*. 54 Er *A*; tagelanch *H*. 55 Er *H*. 60 sach *H*.
61 ein b. *H*. 62 grimmen *H*. 63 Dv entvst *H*. 65 zallen ziten *A*.
77 Do s. *A*.

           Daz was dem knehte harte liep;
80 er verstal sich tougen als ein diep
    hin in daz hûs an einen gemach,
    dâ man in niht hôrte noch ensach.
    sîn vrouwe diu was vil gemeit.
    si greif an ir gewonheit
85 und bereite vil guot spîse.
    dô wânde diu unwîse,
    ez wære harte wol verholn
    und al der werlde vorverstoln;
    dâ si sich selben mit betrouc.
90 ein schœne swîn, daz dannoch souc,
    daz vulde si und briet ez wol;
    ein kannen guotes metes vol,
    die holde si, dâ si in veile vant;
    dar zuo buoch si zehant
95 ein vochenz wîz als ein snê
    und sande aber alsam ê
    heimlîche nâch dem pfaffen.
    doch enmohte si niht geschaffen,
    daz si die spîse bereite;
100 unz lange si sô gebeite,
    (dô si ze tische wâren gesezzen)
    ê si begunden ezzen,
    daz der wirt hin wider heim quam.
    dô man sîn kunft vernam,
105 dô wânde der pfarrære,
    daz ez der kneht wære.
    dâ von erkômen si niht
    durch die niuwen geschiht:

---

80 tougen *f. H.*   82 niht *f. H.*   83 diu *f. H.*   84 Die g. *H*.
85 beraitet *H*.   88 aller w. *H*.   89 si *f. A*.   90 varch *H*.   92 chanel
A.   93 fulte *A*; da sin v. *H*.   95 vohenzent *A*, bochnitz *H*; alsam
dᵉ s. *H*.   96 als e *H*.   97 ir p. *H*.   98 nemohte *A*.   100 si so l. *AH*.
104 Do m. da *H*.

daz der kneht dâ heime beleip
110 und daz der meister selbe treip
sîniu rinder von dem walde.
er lief zuo der tür balde
und stiez dar an mit grimme.
dô schuof des wirtes stimme
115 und ouch der zornicliche stôz,
daz si bî ein ander verdrôz
beide den pfaffen und daz wîp.
«vrouwe, hilf, daz ich den lîp
behalde», sprach der pfaffe.
120 «ich wirde ein rehter affe,
begrîfet mich der wirt hie.
ich gewan sô grôze angest nie.
ich hœre wol, im ist zorn;
ich wæne, ich hân den lîp verlorn.»
125 dô gewan si manigen gedanc
und hiez in under eine banc
in einen winkel ligen gân.
daz si dâ gâz solden hân,
daz barc si allez von dem wege.
130 daz nam der kneht in sîne pflege,
daz er wol sach, war si ez barc
(er was der vrouwen ze karc).
dô den wirt nieman inliez,
mit grimme er aber anestiez
135 und begunde daz wîp schelden.
noch balder denne zelden
lief si dô hin zuo der tür.
si sprach: «ob ich den lîp verlür,
ichn mohte niht ê herkomen;
140 ich hâte ein werc in die hant genomen,

---

112 Lief er *H*. 115 zornlich *H*. 116 bedroz *H*. 122 Ichn *H*;
svst grôzer *H*. 124 verlorn *f. A*. 125 danck *H*. 128 gezzen *H*.
129 gar a. *H*. 131 wa *H*; siz *A*; vᵉbark *H*. 137 hin *f. A*.

          daz enmohte ich dar ûz gewerfen niht.
          sage an, wirret dir iht,
          daz du sô vruo komen bist?
          waz meinet, daz dir zorn ist?»
     145 unz diu rede wart vernomen,
          dô was der kneht hin umbe komen
          und began ze dem tore ingân,
          dâ er si ensamt sach stân.
          dô sprach der meister wider in:
     150 «welch tîvel hâte dich hiute hin,
          daz du niht quæme hin wider?
          du leist daz werc vaste nider.»
          dô machte er ein mære
          und sagete, daz er wære
     155 vil wundern unmüezic sît.
          dô lie der meister den strît.
          er was biderbe der kneht;
          dâ von was des meisters reht,
          daz er einen kleinen zorn
     160 vil schiere hâte verkorn.
          «vart enwec», sprach daz wîp,
          «und enspart rinder noch den lîp
          und bringet holzes genuoc,
          daz ir hin ze sumere den pfluoc
     165 niht ensûmet durch die holzvart.
          ir hât iuch übele bewart,
          daz ir iuch alsô sûmen solt.
          unz ir zwei vuoder noch geholt,
          sô ist ez, weiz got, vinster naht.
     170 dâ von gâhet über maht!
          ir tuot uns anders grôzen schaden.»
          si half den wagen selbe entladen

---

141 Dazn mochte *H*.   143 svst v. *H*.   144 so z. *H*.   146 hin *f. A*; komen *f. A*.   148 entsamt *H*.   150 hat *H*.   156 liez *H*.   162 ringer *H*.   167 Daz ich *A*; alsvst *H*.   168 ir *f. A*; noch *f. H*.

und sprach: «lât iu wesen gâch,
ir hât iuch versûmet nâch.»
175 dô sprach der kneht dem meister zuo:
«ez ist benamen noch ze vruo,
daz ich zwei vuoder gehol.
herre meister, tuot sô wol
und lât uns ein wênic ezzen.
180 mich hât der hunger sô besezzen,
daz ich den lîp niht kan bewarn,
sol ich sô hin ze holze varn,
daz ich des ezzens enbir.
ezzet ein wênic mit mir!
185 swes ir dar nâch an mich gert,
des sît ir gar von mir gewert.
ist aber, daz des niht geschiht,
sô geniezet ir mîn niemer niht.»
der meister sprach: «daz sî getân.
190 wir suln entriuwen ezzen gân.
swie lützel ich geezzen mac,
ich æze ê allen disen tac,
ê ich dich von hunger verlür.»
dô giengen si in ze der tür.
195 daz gie dem wîbe an den lîp.
ez müet ein ieslichez wîp,
diu einen zuoman hât,
ob man in bî ir begât.
unz si die hende hâten getwagen,
200 dô hâte si ûf den tisch getragen
brôt, kæse und ein tuoch.
si tet in tougen manigen vluoch.
doch sprach si: «ezzet vaste!»

---

173 Si s. l. ot evch *H*. 176 so frv *H*. 177 wol g. *H*. 180 hât
f. *A*. 187 Vñ ist d. *A*. 188 Sonen *H*. 189 wirt g. *H*. 192 a. einen
t. *H*. 193 dich f. *H*. 194 in da *A*. 196 ieglich *A*, ietslich *H*.
202 im *A*. 203 Ovch s. *H*.

       über zwô und drîzic raste
205 wæren si ir lieber beide
       denne an ir ougenweide.
       der wirt sprach zuo dem knehte:
       «diu vrouwe diu tuot rehte
       hiute allen den tac, sam si dich
210 noch harter vürhte denne mich.
       ich weiz wol, hæte ich mir nu
       ze ezzen gevodert alsam du,
       si wære mir niemer sô gereht.»
       «entriuwen, meister», sprach der kneht,
215 «ich hân nu lange den sin:
       mit swem ich her gewesen bin,
       daz man mîn nie niht engalt,
       wan ze einer zît, dô was der walt
       mit loube wol behangen;
220 dô quam ein wolf gegangen
       hin under mînes meisters swîn.
       diu schulde diu was niht elliu mîn,
       wan ich sîn leider niht ensach
       sô lange, unz mir ein leit geschach,
225 daz er begreif ein wênigez swîn.
       daz was rehte als daz värhelîn,
       daz dort ûf lît gebrâten.
       ichn kan des niht errâten,
       wederz ir grœzer wære.»
230 «sich bezzernt dîniu mære»,
       sprach der meister wider in.
       er gie vrœlîche hin
       und nam daz swîn, dâ erz gesach.

---

209 alle d. *H*.   210 Serre v. *H*.   211 ich ir *H*.   212 ge eischet also *H*.   213 Sine *H*; niender *H*.   214 meister *f. H*.   217 Daz er *H*.   218 zeiner *H*.   219 gar b. *H*.   222 sch. enwaz *H*.   225 jvnges s. *H*.   226 værelin *A*.   227 dart uffe leit *A*.   228 Ich kan daz *H*.   232 vil v. *H*.   233 varch *H*.

der kneht aber dô sprach:
235 «dô der wolf zuo den swînen quam
und ich ir schrîen vernam,
dô quam ich dar geloufen sâ.
dô lâgen breite steine dâ.
der selben wart mir einer,
240 der was grœzer noch kleiner
wan als diu vochenz, diu dort stât.
ich enweiz, wer si gemezzen hât:
ich gesach nie niht sô gelich.»
«unser herre got gesegene dich!»
245 sô sprach der meister zehant,
«dîniu mære diu sint wol bewant.»
er nam die vochenz her abe.
dô sprach der kündige knabe:
«dô ich den selben stein genam,
250 ê der wolf von mir quam,
dô warf ich in an daz houbet,
daz er wart sô betoubet,
daz er vil kûme entran
und eine wunden gewan,
255 diu bluote, des ich swern wil,
vil vollîclîche alsô vil,
ê daz er quæme dannen,
als des metes in der kannen,
die ir dort hinden sehet stân.»
260 dô begunde der meister dar gân
und nam die kannen her vür.
er sprach: «entriuwen, ich spür
die sælde an dînen mæren wol,
daz ich si gerne hœren sol;

---

240 Daz w. *A*. 241 bochentz *H*. 242 Ichn weiz *H*. 243 Ichn *H*. 247 bochentz *H*. 249 selben *f. A*. 250 E daz *H*. 252 D. er also b. *H*. 253 er mir v. *H*. 255 als ich *A*. 256 als *A*, alse *H*. 258 Sam d. *H*. 261 trvck *H*; chanel *A*. 264 ich siv g. *A*, ichz immer g. *H*.

265 si sint beide guot und reht.»
«entriuwen, meister», sprach der kneht,
«dô ich den wolf alsô traf
und im engienc sîn bestez saf,
dô mohte er lützel vliehen.
270 dô begunde ich im nâchziehen.
dô slouf er in eine veste,
dâ wâren ronen und este
sô vil zesamene geslagen,
daz ich in niht mêre mohte gejagen.
275 dar under leite er sich nider
und sach vil rehte her wider,
als jener pfaffe iezuo siht
(der trûwet ouch genesen niht),
der dort stecket under der banc.»
280 der meister mit zorn ûfspranc
und gevie den pfaffen bî dem hâr.
er sprach: «nu bin ich zewâr
dîner mære an ein ende komen
und hân vil rehte vernomen,
285 wes mich dîn vrouwe ûzjaget
ze allen zîten, ê ez taget».
der pfaffe wart gebunden
sô sêre in kurzen stunden,
unz er dem wirte gehiez
290 (daz er vil kûme wâr geliez)
sînes guotes alsô vil,
daz im wære ein kindes spil,
hæte er daz wîp nie gesehen.
er muose des ze sælden jehen,

---

268 engiench *A*, engie *H*. 270 im *f. H*. 274 in *f. H*.; mere niht *A*; me *H*; iagen *H*. 277 ieger p. *A*. 278 Ern t. *H*. 279 u. iener b. *H*. 280 zornlich *H*. *Statt* 281–283: Er sprach ich bin zeware Aller diner mære Vil gar an ein ende chom̄ *A*. 286 ê *f. A*. 294 mŭ-ste *H*.

295 swaz er schaden an dem guote nam,
daz er mit dem lîbe dannen quam.
daz wîp daz wart ouch geslagen,
daz si den lîp mohte klagen
von schulden über manigen tac.
300 swie wol si sît des wirtes pflac,
er wart ir dar nâch niemer mê
sô rehte holt, als er was ê.
der kneht was dem meister liep,
daz er im zeicte sînen diep
305 sô gevuoge âne bœsiu mære.
ez wære ein michel swære,
hæte er imz anders geseit.
   Der vriuntliche kündikeit
mit rehter vuoge kan begân,
310 der hât dar an niht missetân.
kündikeit hât grôzen sin.
er erwirbet valschen gewin,
der si mit valsche zeiget,
der hât sîn lop geveiget.
315 der dâ vriuntlîche wirbet mite,
daz ist ein hovelicher site.
man mac mit kündikeit begân
daz vil hovelîche ist getân.
daz merket bî dem knehte.
320 hæte er gesprochen rehte:
«der pfaffe minnet iuwer wîp,
als tuot si sêre sînen lîp»,
daz hæte der meister niht verswigen,
er hæte sis zehant gezigen
325 und hæte si ouch lîhte geslagen.

---

295 Daz er *A*.   297 div (die *H*) wart *AH*.   300 sit si des manes *H*.
301 Ern *H*.   304 im *f. H*.   307 im ez *H*.   310 Dern *H*.   311 het *H*.
314 geneiget *H*.   315 dâ *f. H*.   324 Er het si sin z. *H*.   325 si ouch
f. H.

>   sô begunde ouch siz dem pfaffen sagen;
>   sô schüefen lîhte ir sinne,
>   daz der wirt ir zweier minne
>   niemer rehte ervüere
> 330 und ze jungest wol geswüere,
>   der kneht hæte in betrogen
>   und hæte die vrouwen anegelogen
>   durch sînen bœsen haz,
>   und würde im umbe daz gehaz.
> 335 daz was allez hingeleit
>   mit einer gevüegen kündikeit.
>   des enhazze ich kündikeit niht,
>   dâ si mit vuoge noch geschiht.

---

326 ouch *f. H*; si iz *H*.   **328** ir *f. H*.   **330** Vntz er z. *H*; swûre *H*.
331 hiet *A*.   **334** w. im vint vmbe daz *H*.   **336** M. der g. *H*.
337 Desn hazze *H*.

IX

Der nackte Bote

Ez geschach hie vor, sô man seit,
daz ein herre ûf eine strâze reit
und sande einen sînen kneht
vor im hin (daz was reht),
5 dô ez âbenden began,
und enbôt einem sînem man,
er wolde die naht mit im sîn.
dô tet der kneht sîn reht schîn;
er reit dem herren verre vor
10 und quam hin zuo des wirtes tor.
daz sach er wîte ûfgetân.

IX. *A* 93 (*Bl.* 65rb – 66va)   *H* 180 (*Bl.* 316va – 318ra)   *E* 42
(*Bl.* 89ra – 90vb)   *B* 39 (*Bl.* 129rb – 131rb)   *b* 3 (*Bl.* 61ra – 62ra)
[*K* 170; *I* 36];

Überschriften: Hie ist wie ein kneht ane vie   Vṅ nacket vur vrowen
in ein stvben gie *H*.   Von eime hªren *E*.   Ain mer von des herrṅ
kneht vnd von der pad stubṅ *B*.

1 Ez was *EB*; ainst alz m. *B*.   2 vf einer *HEb*; strazzen *E*; vbr
velt *B*.   3 Do s. *EB*; s. er seinen k. *B*.   4 im für d. *EB*.   5 abengen
A, obende *E*, abent *B*.   6 Er e. *EB*.   7 mit im da *E*, pei im *B*.
8 r. wol schin *E*; Daz tet d. k. wol schein *B*.   10 Er kam *EB*; hin
f. AB; an des *EB*.   11 Daz vant er *Hb*, Hohe vṅ *E*, Daz waz *B*.

nu vant er in dem hove stân
ein kint, daz vrâgete er mære,
ob der wirt dâ heime wære.
15 «jâ», sprach daz kint wider in,
«gât in die batstuben hin;
dâ ist er inne (diu ist warm)».
nu sach er wol, daz kint was arm
der sinne und des guotes.
20 ouch was er tumbes muotes.
er vrâgete ez niht vürbaz
und wânde, der wirt umbe daz
in der batstuben wære,
daz er sich badete und schære.
25 er gedâhte: «des ist mir ouch nôt.
swaz mîn herre her enbôt,
daz sage ich im in dem bade wol».
sîn herze was vröuden vol,
daz er daz bat bereit vant.
30 er erbeizte sâ zehant
und enkleidete sich vil swinde.
er sprach zuo dem kinde:
«sitze nider ûf ditz gewant
und nim den britel in die hant
35 und hüete mir, unz ich gebade,

---

12 Do *HEB*; sach er *Hb*; an dem h. *EB*, im h. *b*. 13 er dᵃ m. *AB*.
15 Do s. *E*, Da s. *B*. 18 Er sach w. *A*, Do s. *H*; daz daz k. *E*. 19 vñ
ovch *Hb*. 20 Auch w. der kneht so t. *E*, Der kneht waz t. *B*. 21 Vñ
envraget (vragt *b*) *Hb*, Daz er nit *EB*. 22 Er w. *HEBb*; dz der w. *B*.
24 er b. *Hb*, er dor inne b. *EB*. 25 ovch mir *HEb*, ouch *f. B*.
26 Was *B*; im m. *Hb*; hᵉre im e. *EB*. 27 gesage *Hb*; der badestubē
E, dᵃ stubñ *B*. 28 daz w. *Eb*. 29 bat *f. A*; bereitet *HE*. 30 e.
nider *Hb*; auf daz lant *b*; Vnd enbeizte zehant *A*, Nu e. er zⱨ h. *E*,
Er stunt vō dē pherd zehant *B*. 31 s. geswinde *E*; Vñ zoh im abe-
geswinde *B*. 32 Vnd s. *b*; dem selben k. *E*. 33 S. her vf *H*, S. mir
vf *E*, Sitz auf *b*; daz g. *Eb*; Sich mir zu dē gwant *B*. 34 zaum *Eb*;
Dz pherd er an pant *B*. 35 Hût mir hintz (*f. B*) daz *EB*.

daz mir nieman hie iht schade.
des wil ich dir lônen wol».
daz kint tet, als ein kint sol:
ez ensprach niht dâ wider
40 und saz iesâ dâ nider.
daz was in der herbestzît,
sô dicke der kalde rîfe lît
und sich wandelnt die winde;
des heizte daz gesinde
45 die batstuben alle tage.
si hâten ouch, als ich iu sage,
ein ander stuben (diu was guot).
nu was der ritter sô gemuot,
der dâ ze hûse wirt hiez,
50 daz er die niht heizen liez,
ê daz der sumer ende nam
und der kalde winder quam,
daz die vliegen vervlugen
und in die stuben niht enzugen.
55 durch sô getâne hövischheit
schuof der wirt, daz man vermeit
die stuben und si kalt lie,
und in die batstuben gie

---

36 hie niemen niht enschade *Hb*, ieman iht enschade *E*, iemand sch.
B. 37 gelonen *Hb*. 38 k. daz t. *H*. 39 Ezn sprach *H*, Ez ret
EB; da niht me (*f. b*) w. *Hb*. 40 s. vil balde dar n. *H*, s. vf daz ge-
want n. *EB*, s. iesa n. *b*. 41 Nu was ez *EB*, Ditz was *b*. 42 So der
kalde (*f. EB*) r. dicke l. *HEBb*. 44 Do von heizet *EB*. 46 Doch h.
sie *EB*; iu *f. B*. 47 Ein rechte *Hb*; stube *HB*. 48 Do w. *H*; h°re
also *EB*. 49 da huswirt h. *EB*. 50 die (sei *b*) heitzen n. enliez
Hb, die bezzern stuben nit l. *E*, div stub n. h. l. *B*. 51 Vntz der *H*,
E der *b*; s. ab gie *EB*, s. ein end nem *b*. 52 kalde *f. EB*; w. ane vie
EB, w. quem *b*. 53 Vnd daz *A*, Vñ di *EB*, So di *b*; gar v. *H*.
54 Daz sie *EBb*; dor in niht (nicht dar ein *B*) z⸚gen *EB*. 55 spacheit
EB. 56 Als ich ⸚ nu (*f. B*) han geseit *EB*. 57 Daz man die stuben
k. l. *Hb*, Die stuben (stub *B*) man vngeheizzet l. *EB*. 58 die *f. H*;
Daz gesinde alle tage g. *EB*.

sîn gesinde mit den vrouwen.
60 man mohte dar inne schouwen
vil manigen wünniclichen lîp.
die vrouwen, ir tohter und ir wîp,
si hâtenz vür ein wercgaden.
dô quam er, der dâ wolde baden,
65 al nacket an die stubentür.
nu was oben geleit dâ vür
guoter wedel ein michel teil;
daz dûhte in ouch ein guot heil.
als er der einen genam,
70 dô sach er, daz dort herquam
mit grimme ein übel hovewart;
der wolde in hân gemachet schart.
des wert er mit dem wadel sich.
doch was der hunt sô müelich,
75 daz er des den knappen twanc,
daz er âne sînen danc
hinder sich in die stuben gienc.
er erbeite kûme, daz er gevienc
die tür, daz er hin in quam
80 und sich dem hunde benam.

---

59 Daz g. *Hb*; der v. *AH*; In die badestuben (padstub *B*) zṽ den
frauwē *EB*.   60 m. auch d. *b*; Auch moht m. da sch. *EB*.   61 Vil
f. EB; wetlichen *E*, waidenleichñ *B*.   62 Beide ir t. *Hb*; Des wirtes
tohter vñ sin w. *EB*.   63 Die h. *H*, Heten ez *E*, Het ez *B*.   64 Nu
was *EB*, Nv chom *b*; er *f. A*.   65 Also n. *Hb*; an der *A*; tvr *Hb*;
Nahen kom er (Nakant kōm̄ *B*) zṽ der tûr *EB*.   66 gelit *A*; Do (Da
Bb) waz oben (oberhalb *EB*) dar (da *EB*) vur *HEBb*.   67 wǽtel *A*,
kosten *EB*; vil geleit *HEBb*.   68 ouch *f. A*; ein (*f. B*) selikeit *HEBb*.
69 Vntz er *H*; er do eine (ain *B*) g. *EB*.   70 Nu s. *EB*; daz (wa *b*)
gelovfen quam *HEBb*.   71 Dort her ein *EB*.   72 in *f. B*.   73 d.
wedel *H*, der (dē *B*) kostē *EB*.   74 Do w. *Hb*, Der h. was *EB*.
75 den k. des *Hb*, den kneht da (des *B*) *EB*; betwanch *HEb*.   76 vnder
s. d. *EB*.   77 stub *B*; gie *HEBb*.   78 Vñ e. *H*; vntz er *Hb*, hintz er
E; gevie *HEBb*.   79 dar in *E*; in *f. b*.   80 Vñ dem h. entran *B*.

        als in dô die vrouwen
        sô blôz begunden schouwen,
        dô erkômen si vor schanden
        und dâhten mit den handen
85   diu ougen alle gemeine
        unz an den wirt eine.
        der erzeicte im schiere sînen haz.
        «ouwê!» sprach er, «wer ist daz?
        ouwê aller mîner êren!»
90   dô begunde sich umbekêren
        der knappe êrste unde sach
        sîn laster al, daz im geschach.
        dô zucte er wider ûf die tür.
        im wart noch gâher hin vür,
95   denne im hin in was gewesen.
        er entrûwete niender genesen,
        unz er sîn gewant nam
        und wider ûf sîn pfärt quam.
        des hâte er sich versûmet nâch.
100   im wart hin wider sô gâch
        den wec, den er herreit,
        daz ez daz pfärt kûme erleit.
        dô der wirt gesach die unzuht

---

81 Als (Do *B*) in begonden schauwen *EBb*. 82 Daz gesinde vn̄ auch die (g. vn̄ die *B*, g. mit den *b*) frauwē *EBb*. 83 Da erschrâchten *b*; Sie erschraken von sinē sch. *EB*. 84 verdackten *Hb*, bedackten *EB*. 85 Ir *EB*. 86 Wañ der wirt allein *EB*. 87 zeiget *Eb*. 88 O. mir s. *H*; Er sprach vwe (awe *B*) waz ist daz *EB*. 89 Ouwê *f. HEBb*. 91 kneht *EB*; alrest *HEBb*. 92 als im (*f. b*) daz *Hb*; Die schande die im da (*f. B*) g. *EB*. 94 geher hˢ fůr *EB*. 95 im dar inne *HEb*, im hin er *B*; wer g. *Eb*. 96 Ern (Er *EB*) trvwet *HEBb*; anders niht *HEBb*. 97 Wan daz er *HEb*; daz g. an die arm n. *E*; Daz g. er an den arm n. *B*. 98 Vn̄ nacket vf daz p. *Hb*. 100 also g. *EB*. 101 d. er da r. *EB*, d. er her da r. *b*. 102 vil chovm *b*. 103 d. Ritter *H*; ersach *H*; w. dis vnzucht *b*; Als der wirt des knehtes fluht *EB*.

und des tumben knehtes vluht,
105 dô hæte er des wol gesworn,
er hæte sîn êre verlorn,
ob erz niht widertæte,
und swer ez getân hæte,
der wolde im nemen sîn êre.
110 sînen knehten rief er sêre,
daz si vil balde gâhten
und im sîn ros brâhten
unde selbe nâch im riten;
des hiez er alle die biten,
115 den er getrûwen solde.
dô man im dar geholde
beidiu schilt unde sper,
ûf sîn ros saz er,
und reit nâch dem knehte
120 die selben strâze rehte,
die er in hin sach rîten.
dô gesach in kurzen zîten
der herre sînen kneht komen.
der wolde diu mære hân vernomen.
125 er sprach: «vil balde sage mir:

---

104 vil t. *H*; Ersach vñ auch sin vnzvht *EB*, Gesach vnd ouch des chnappen flucht *b*. 105 hæte *f. A*; vil w. *Hb*. 108 Swer in so gelastert h. *H*. *Statt* 105–109: Do was er sicher ane wane Er het imz zṽ schanden getane Swie er ez (ers *B*) getan het Ob er ez (ers *B*) nit wider tet Er het vᵃlorn sin ere *EB*. 111 vil *f. EB*; gechten *Hb*. 112 s. ôrsch *E*; brechten *HEBb*. 113 auch s. *EBb*; mit im *EB*. 114 er sie a. *EB*. 115 gebieten *EB*. 116 m. sin orsch g. *E*, m. im sein ros g. *B*. 117 Harnasch sch. *H*; Do zṽ swert vñ s. *EB*. 118 ôrsch *E*. 119 gahete *E*, eilte *B*, iagt *b*. 120 strazen *H*; D. straze hin vil r. *EB*. *Nach* 120: Vñ alles sin gesinde Die fùren (Daz für *B*) nach im swinde (geswind *B*) *EB*. 121 Do sie in sahen r. *EB*. 122 Nu *EB*; geschach *A*, sach *HEBb*; ich in *E*. 123 h. sach s. *E*.

wie verstu sô? waz wirret dir?
wen sihe ich dort her nâch jagen?»
dô getorste der kneht niht gesagen
(er vorhte grœzern ungewin);
130 er sweic unde rande hin.
dô quam der ritter gerant
und hiez den herren zehant
gote willekomen sîn.
er sprach: «lieber herre mîn,
135 lât den man niht hinkomen;
er hât mir hiute benomen
mîn vröude und mîn êre.
ich erhol michs niemer mêre,
kumt er alsô genozzen hin.»
140 dô sprach der herre wider in:
«den ir dâ jaget, daz ist mîn kneht;
er sol iu büezen, daz ist reht.
saget mir sîne schulde.
er mac iuwer hulde
145 sô sêre verlorn hân,
ez muoz im an sîn leben gân.»
«herre», sprach er, «merket daz:
er gie in die batstuben, dâ ich saz

---

126 W. chvmest dv svst *H*, chumstu sus *b*. *Statt* 124–126: Sage
(S. an *B*) waz hast dv vᵃnumen Wie verst du waz wirret dir Habe
stille vñ sage auch mir *EB*. 127 nâch *f. EB*. 128 Donen *H*;
Der kneht g. im *EB*; sagen *HEBb*. 129 grozzñ *B*; vngemach *A*.
130 s. ot vñ *H*; ilte oc fûr sich h. *E*, eilt da h. *B*, r. ot h. *b*. 131 Nu
EB. 132 Er h. *EB*. 134 Vñ s. genade h. *EB*. 135 L. disen kneht
EB. 136 mir gar b. *b*; Der mir mitalle hat genvm̄ *H*, Wañ er h. mir
b. *EB*. 137 Alle min ere *EBb*. 138 Ichn *H*; erkober *H*, gewinns
n. *B*; mich sein *b*. 139 er sin so geniezen h. *H*, er sin g. h. *E*, er mir
sein h. *B*, er so g. h. *b*. 141 dâ *f. A*; der ist *EB*. 142 Der s. *Hb*.
143 Nv s. *H*, Alle sin *EB*. 144 So (Ja *EB*) mage er *HEB*. 145 Mit
sôlhen dingen v. *EB*. 146 an daz l. *EB*, den lip *H*. 147 Genade
hᵃre m. *EB*; er nv m. *b*. 148 gienk *E*; stvben *HEb*, stub *B*.

bî mînen tohtern und mînem wîbe,
150 und enhâte an sînem lîbe
niht mêre, denne er iezuo hât,
und tet noch mêrer missetât:
er kêrte daz hinderteil hin vür,
dô er ingie zuo der tür.»
155 der herre sprach: «daz arnet er.
gebet mir mîn ros balde her!»
sprach er zuo im, der ez zôch
(daz was snel unde hôch).
dar ûf wart im vil gâch,
160 und rande dem knehte nâch.
als er hin zuo dem knehte quam,
bî dem hâre er in nam.
alsô vuorte er in hin wider
und warf in zornicliche nider
165 und wolde in bestümbelt hân.
daz was ouch vil nâch getân.
«herre», sprach der arme kneht,
«lât mich durch got und durch reht
sagen, waz diu rede sî.»
170 dô was der ritter dâ bî,
den man daz laster hôrte klagen.

---

149 minˢ tohter *EB*; vñ bi *HEBb*.   150 Vñ er (*f. b*) het *EBb*.
151 me *H*; iezunt *E*, yetz *B*.   152 begie *EB*; noch *f. A*; grozzer
m. *HEBb*.   153 Vñ chert *H*; her v. *HEB*, füer *b*.   154 gienc *E*.
156 Tú m. *E*, Gib m. *b*; m. òrsche h. *E*; Er hawt in dz ros ser *B*.
157 zv dem *Hb*, zᵗ einem *E*.   157.158 *fehlen B*.   159 Im wart ze
rennen g. *B*.   160 Vñ auch d. *EB*.   161 Do er *H*; zv im *Hb*. 162 Mit
d. *Hb*.   *Statt* 161.162: Vñ het in kûrtzlich (pald *B*) erriten   Do kom
er mit vnsiten *EB*.   163 her w. *Hb*; Vñ fùrt im (in *B*) bi dem hare
wider *EB*.   164 in sa zᵗ hant *E*, in zehant *B*; Dar nach warf er in
n. *b*.   165 Er w. *HB*; erblendet *E*, geplendet *B*.   166 D. het er *H*;
ouch *f. HB*; nahñ *B*.   167 Genade h. *EB*; arme *f. EB*.   168 d. daz
r. *E*; L. ew d. g. sagñ reht *B*.   169 V̌ sagen wie ez ergangen si *E*, Wie
ez ergangñ sei *B*.   170 Nu *EBb*; hielt *EB*; auch da *E*.   171 den scha-
den *EB*.

er sprach: «herre, lât in sagen,
war umbe er ez tæte,
waz ich im getân hæte,
175 wes er mich habe gezigen.
ez wære mir leit, würde ez verswigen.»
dô sprach der herre: «nu sage!
du muost doch von disem tage
unz an dîn ende wesen blint.»
180 er sprach: «herre, ich vant ein kint
in sînem hove, daz vrâgete ich,
wâ der wirt wære. dô wîste ez mich
in eine batstuben hin;
dâ wære er gegangen in,
185 diu wære warm. dô wânde ich,
daz er dar inne badete sich,
und wolde ouch ich gebadet hân.
dô ich in die stuben solde gân,
dô quam ein übel hovewart,
190 der twanc mich, daz ich gânde wart
hinder mich (daz was mir leit).
er schuof, daz ich die zuht vermeit,
und hæte mich erbizzen nâch.
dâ von wart mir alsô gâch,
195 daz ich niht hinder mich ensach,
unz mir diu unzuht geschach.»
«entriuwen», sprach der ritter dô,
«sô wil ich iemer wesen vrô,

---

172 Der s. *Hb*; l. v̂ *EB*. 173 ich ez *E*. 174 Vnd w. *b*; g. im *E*.
173.174 *fehlen AH*. 175 Oder *Eb*; was er *E*; het *E*. 176 Daz w.
EBb; wrdez *A*; mir nit liep v. *EB*. 175.176 *fehlen H*. 177 Dô *f. E*.
178 doch *f. H*; von disem selben t. *H*, alle din t. *EB*, nach disem t. *b*.
179 Imm⁸ mer w. *EB*. 180 Genade h. *EB*. 182 w. daz wiset m. *EB*.
187 wolde *f. A*. 188 Als *b*. 190 betwanch *b*. 192 Do sch. *H*, Der
sch. *b*. 193 Er h. *Hb*; gebizzen *H*. 195 sach *A*. 196 E mir daz
(ditz *b*) laster g. *Hb*. 198 Nv w. *Hb*.

daz ich iuch niht erslagen hân.
200 sît ez dar umbe ist getân,
sô wil ich iuwer vriunt wesen;
ir sult wol vor mir genesen.
ez was mîn angest und mîn wân,
ez wære ze laster mir getân.»
205 sus schuof er, daz der kneht genas,
dem er ê sô vient was.

Wære dem kneht ein leit geschehen,
wir solden niemer gejehen,
daz er unschuldic wære.

203.204 *fehlen H.   Statt* 185-204 *in EB*:

    Do was ich sicher ane (ich in dem *B*) wane
    Er wôlt do (*f. B*) gebadet han
    Vn̄ wolt auch ich gebaden (padn̄ *B*) mich
    Daz ist mir worden schedelich
    Do ich gen der stuben gie
    Do was oberhalp hie
    Gûtˢ kosten genûc
    Die der tûfel dar trûc
    Als (Vn̄ *B*) ich der einen genam (nam *B*)
    Da sach ich wa (dz *B*) gelaufen kam
    Dort her ein v̂bel hofewart
    Der twanc mich daz ich gende wart
    Hinder mich zᵺ der tûr in
    Daz was min grozzer vngewin
    Daz ich niht moht v̂mme sehen (gsehn̄ *B*)
    E mir die schande was (wˢ *B*) geschehen (beschehn̄ *B*)
    Do dise (div *B*) rede also (*f. B*) geschach
    Der ritter lachende sprach
    So wil ich din frûnt wesen
    Herre nu lant in genesen
    Ez was entrun (trewn *B*) min wan
    Er het ez (h. mirs *B*) zᵺ schanden mir (*f. B*) getan

202 vil w. *H*.   201-204 *fehlen b*.   205 Svst sch. *H*, Er sch. *B*; daz er g. *EB*.   206 er se *A*, er da (*f. B*) vor *HEBb*.   207 k. ihtz *E*, icht *B*; beschehn̄ *B*.   208 Wirn *H*; So mûsten alle die lûte iehen *EB*, Di leut endorften nicht iehn *b*.   209 schuldik *EB*.

210 er solde diu rehten mære
bedæhticlîche ervarn hân.
dô liez er sich an einen wân.
der wân betriuget manigen man.
swer daz niht wol bedenken kan,
215 der mac sich lîhte verlân
sô sêre an etelichen wân,
daz er von dem wâne
wirt sîner êren âne
oder gewinnet sô getânen schaden,
220 dâ mit er sêre wirt geladen.
swaz der man læt an den wân,
des er rât möhte hân,
wirt er betrogen dar an,
des ist er selbe ein schuldic man.

---

211 Bedehtlich *H*, Bescheidenlicher *E*, Peschaidenleich *B*. 212 s. vf e. *EB*. 213 trevget *H;* manige *H*, mangᵉ *B*. 214 wol *f. Hb*; Der sich da vor niht hûten kan *EB*. 215 Er m. *b*. 216 So vᵉre *E*, So wer *B*; etsleichen *b*. 218 W. aller s. *E*, W. all sein ere *B*. 219 svlchen sch. *H*. 220 er immer ist g. *H*. 221 gelet *H*. 222 Da erz wol r. *H*, Da er sein r. *b*. 223 er da b. an *Hb*. 224 Da ist er selbe schvldich an *A*.
Statt 219–224 in EB:

  Ein ieglich man der sinne hat
  Der habe sich an disen rat
  Daz er iht wage so sere
  Durch keinen (dehain *B*) wan sin ere
  Wañ misselinget im dor an
  So beginnet wip vñ man
  Vil gemeinlich (gemainkleichñ *B*) iehen
  Im sie (sei *B*) gar reht geschehen (beschehñ *B*)
  Disen rat den merkent ir
  Dûnke er v̂ so (*f. B*) gùt so volgent mir

Danach in B: Amen.

X

Der nackte Ritter

    Ein ritter quam an eine vart
sô verre, daz er gast wart
eines wirtes, der in wol enpfienc.
(ich sage iu, wie daz ergienc:)
5 er hâte in nie mêre gesehen
und hôrte im grôzer wirde jehen;
des bôt er imz deste baz.
der gast was kalt unde naz;
dâ von was er des wirtes vrô.
10 ouch was der wirt des gastes sô;
daz liez er in wol schouwen:
sîne tohter und sîne vrouwen
hiez er in küssen zehant.
der koch wart sêre gemant
15 umbe guote spîse ze der naht.

  X. *A* 94 (*Bl.* 66*va* - 67*ra*)   *H* 181 (*Bl.* 318*ra* - 318*va*)   *E* 1 (*Bl.* 68*va* - 69*rb*)   *B* 47 (*Bl.* 141*va* - 142*rb*)   [*K* 171; *I* 43]

  Überschriften: Ditz ist ein selzen vart   wie ein Ritter entnacket wart *H*.   Vō eime ritter *E*.   Von des wirts gaste *B*.

  1 an *f. B*.   3 Zť einē wirte *EB*.   4 wa von *H*, wie im daz *E*, wie ez im *B*.   5 Ern *H*; me *E*.   9 des *f. B*.   11 Des l. *E*; er an im *B*; beschauwen *E*.   13 zu im sitzñ *B*.   14 was *E*.   15 der *f. H*; gein der n. *EB*.

nu wart ein schœne viuwer gemacht;
dâ sâzen si in der stuben bî.
er hâte schœner tohter drî;
die satzten den gast under sich
20 und wurden alsô vrœlich
ze liebe dem gaste.
nu bran daz viuwer vaste.
dô ez guot wîle alsô bran,
seht, daz dâ diu hitze gewan
25 in der stuben oberhant,
sô daz diu kelde verswant.
des wart in allen sô heiz,
daz in vor hitze der sweiz
von dem houbete niderran.
30 dô tet der wirt als ein man,
der dâ heim gemach wil hân.
er hiez einen kneht dar gân
und ziehen sînen roc im abe.
«ichn wil, daz hie ieman habe
35 nahtlanc», sprach er, «ungemach.»
zuo dem gaste er ouch sprach:
«lât abeziehen iu den roc!
ir habet niender einen loc,
sine hangen alle sweizes vol.»

---

16 In w. *H*, Im w. *EB*.   17 sazzens *EB*; si mit vrevden bi *H*.
19 zwisschen *HEB*.   20 w. ellev v. *HEB*.   22 Vñ b. *A*; Daz fewer b.
vil v. *H*.   23 Vntz ez so lange a. *H*; also *f. B*; gebran *HEB*.   24 S.
wa *AE*, Daz da *H*, Vñ dz *B*.   25 vber hant *H*; die ôbern h. *E*.   26 Vñ
daz *H*, Daz *B*; chelten *HE*.   28 von hitzen *H*, von der hitz *B*; D. in
der heiz s. *E*.   29 den stirnen *H*, der stirne *EB*.   31 wil g. h. *AH*.
32 dar an *H*.   33 z. im s. r. *H*; Daz er im s. r. zv̂g abe *E*, D. e. im
züg s. r. ab *B*.   34 Ich *H*; Ihn niht daz iemen hie h. *A*, Ir sint
(seit *B*) in einer gûten habe *EB*.   35 sprach er *f. A*; Zv̂ dem gaste
er do sprach *EB*.   36 Habe naht lange vngemach *E*, Herr habt
gutñ gmach *B*.   37 ewern r. *H*.   38 Irn *H*; deheinen *H*.   39 Sinen
H; Sie *E*; Er hang allr s. v. *B*.

40 dô sprach der gast: «daz tuot mir wol;
ich wil doch den roc anehân.»
«ir sult in abeziehen lân»,
sprach der wirt, «weiz got,
ez ist mîn bete und mîn gebot,
45 daz ir hie habet guoten gemach.»
der gast zuo dem wirte sprach:
«als rehte liep, als ich iu sî
und iuwer tohter alle drî,
sô erlât mich dirre unzuht.
50 ich læge gerner eine suht,
denne ich den roc abetæte,
ob ich noch heizer hæte.»
der wirt sprach: «nu lât den strît.
ich weiz wol, daz ir hövisch sît.
55 sô læge ich zwô sühte,
ê ich iuch iuwer zühte
sô sêre lieze engelden.
ir soldet mich dar umbe schelden,
lieze ich iuch hie haben ungemach.»
60 heimlîche er zuo den knehten sprach,
daz si alle dar giengen
und im den roc geviengen
und zucten im in überz houbet.
dô wart der gast beroubet
65 durch die grôzen minne
der êren und der sinne.
er saz, dô er wart âne roc,
als ein beschelder stoc

---

40 ez t. *B*.   41 doch *f. HEB*.   43 Do s. *B*; daz w. *H*.   44 pot *B*.
45 gût *E*.   46 do s. *B*.   47 rehte *f. H*; als *f. AB*, so ich *H*.   48 Nv *H*.
49 diser *EB*.   50 Ich leid gern *B*.   53 Do s. d. w. *H*.   54 hoflich *E*.
55 lit *B*; ich e *EB*.   56 v̊ *EB*.   59 hie *f. EB*.   60 z. dem knehte *E*,
zen k. *B*.   62 den r. vō im *B*; enpfiengen *EB*.   63 imen *H*, in im *E*,
im *B*; vber daz *HE*.   64 was *H*.   65 vil g. *H*.   67 do er was *E*; Ez
s. dort a. r. *B*.   68 Recht als *H*.

âne bruoch und âne hemde;
70 diu wâren im beidiu vremde.
als in dô die vrouwen
sô blôz begunden schouwen,
dô erschrâken si sêre vür den gast,
wan er der hövischeite last
75 getragen hâte manigen tac.
der wirt vor schanden ouch erschrac.
der gast erschrac noch mêre,
er entrûwete es, an sîn êre
niemer wider komen mê.
80 im tet diu schande sô wê,
daz er den wirt hæte erslagen,
trûwete er, daz in getragen
daz ros dannen möhte hân
(des enhæte ez aber niht getân).
85 er zôch den roc wider an
und schiet sô zornlîche dan,
daz er dem wirte niemer mê
sô holt wart, als er was ê.

Dâ mane ich alle wirte bî:
90 swaz liebes gastes wille sî,
dâ vlîze sich ein wirt zuo,
daz er dar über niht entuo.
ob er im dienest unde guot

---

70 beide *HE*. 71 Do in die selben v. *H*. 72 blozzñ *B*. 73 Do schemtē sie sich *EB*; fürn g. *B*. *Statt* 73.74: Do erchomen si vil sere Der gast erschrac noch mere Wan ez hete der selbe gast Dᵉ hofscheite last *A*. 75 G. her vil *A*. 76 v. scham *E*; auch vor scham e. *B*. 77 so sere *H*, auch mere *E*; Sus erschrachens alle sere *A*. 78 Der gast e. *A*; Ern trvet *H*, Er getruwet *E*, Er trawt *B*; ez *HE*, es *f. B*. 80 scham also *EB*; sô *f. H*. 82 daz hin g. *H*. 83 D. recht d. *H*. 84 Desn het er *H*, Des môht ez aber niht (Des mochts nicht *B*) han getan *EB*. 86 zornklich *H*; von dan *E*; Vnd rait zehant vō dan *B*. 88 w. alsam (sam *B*) e *EB*. 89 warn *H*. 90 des lieben g. *H*. 92 tu *B*.

wider des gastes willen tuot,
95 daz ist vil lihte gar verlorn;
des wære ez bezzer verborn.
swelch dienest niht ze danke kumt,
der schadet mêre, denne er vrumt.

---

94 V̇ber *EB*; sein w. *B*.   96 Vnd w. *B*; ez *f. B*.   97 Swez *H*.
98 noch m. *A*; me *H*.   *Nach* 98: Hie wil daz mer ain end han   Behüt
vns got vor allᵃ scham *B*.

XI

Die Martinsnacht

Ez was ein rîcher bûman,
der sêre schallen began
an sande Martînes naht.
er tranc vil vaste über maht;
5 alsô tet daz gesinde sîn.
er hâte harte guoten wîn.
dô si des sô vil getrunken,
daz in die zungen hunken,
dô quâmen karge diebe dar
10 und wurden des vil wol gewar

XI. *A* 63 (*Bl.* 47vb – 48vb)   *H* 183 (*Bl.* 320vb – 322ra)   *B* 44 (*Bl.* 139ra – 140vb)   *L* 169 (*Bl.* 178vb – 180ra)   *c* 17 (*Bl.* 28vb – 30va)   [*K* 172; *I* 41]

Überschriften: Hie ist wie an sente Mertines naht   Ein gebovwer so vaste trank vb⁸ maht *H*.   Ain mer von sant marteins dieb *B*. Von sant mertes bawman; *darunter als Reklamant:* võ sat Martins baûwe man *c*.

Vor 1: [W]öllen jr ain wil gedagen   So wölt ich uch kurtzwile sagñ *L*.   1 Von ainem r. bürman *L*.   2 Der selb *B*; so s. *c*.   3 nechte *L*.   4 vil *f. c*; Ser er mit sein kindñ facht *B*, Macht er ain groß gebrechte *L*.   5 Als *H*, Vnd mit dē *B*, Sam tett och *L*.   6 Der gebür h. *L*; gar g. *B*, auch g. *c*.   7 sô *f. Ac*; Des selben wins sy truncken *L*.   8 Biz d. *c*.   9 karge *f. B*, zwen d. *L*, arge *c*.   10 Die w. *HBL*; des *f. c*; vil wol *f. B*.

an den worten, diu si tâten,
daz si wol getrunken hâten.
dô wurden si des ze râte,
daz si bræchen vil drâte
15 ein loch in sînen rinderstal.
doch entsâzen si des wirtes schal,
daz ir ieslicher hie vor beleip
und sînen gesellen dar in treip.
dô was ein küener under in,
20 der vil vrävellichen sin
zuo diebes ambete truoc
und was ouch kündic genuoc;
der slouf des êrsten dar in.
dô hæten im den gewin
25 zwêne hovewarte nâch benomen.
die begunden zornicliche komen
und bullen vaste in den stal.
dô vernam der wirt disen schal
und gie mit einem liehte dar
30 und wart des diebes gewar.
dô des der diep wart innen,

---

11 so s. *L*; An den gperdn̄ die si hetn̄ *B*.   12 D. si niht sinne haten *HLc*, D. si vnsinnikleich tetn̄ *B*.   *Nach* 12: Dez worden sie vil wol gewar *c*.   13 Si w. *B*; die dieb z. r. *L*; des *f. c*.   14 brachen *Hc*.   15 in den *c*.   16 Da e. *c*, Nu vorchtens *B*; sy den sch. *L*.   17 ir *f. Bc*; ietslicher *H*, yegleich[s] *Bc*, ain[s] *L*; dar vzze *H*, hie auz *BLc*.   18 hin ein *Bc*.   19 Der w. *L*, Doch w. *c*; ainer *B*, der wisest *L*, ein knab *c*.   20 Vnd hat *L*; vil *f. L*; fröleichn̄ *B*.   21 Was sich z. *L*; dem a. *c*.   22 ouch *f. c*; Dar zu waz er kön g. *L*.   23 Dez *B*, Der selbe *L*, Da *c*; s. zv jvngest *Hc*, zu dem e. *L*; hin ein *B*, jn *L*, d[s] ein *c*.   24 Des h. *A*, Der wirt hett *c*; nach d. g. *L*; d. g. sein *Bc*.   25 hofwartn̄ *BLc*; nahn̄ *B*, nâch *f. Lc*; genvm̄ *HLc*.   26 Die hund *B*; begunden *f. B*, gunden *L*; zornlichen *L*, vast *c*.   27 vaste *f. c*; rynd[s] s. *c*.   28 Nû *c*; erhort *BL*; den sch. *BLc*.   29 kom *B*.   30 Er w. *L*; da g. *L*.   31 der dieb des *B*, des *f. L*.   *Statt* 29–32: Vnd wart dez diebes gewar   Vnd kwam alz balde dar   Da er ym nicht môcht entrynnen   D[s] diep kwam võ den synnen *c*.

daz er niht mohte entrinnen,
dô gewan er grôze ungehabe
und zucte sîn gewant abe,
35 daz in der wirt nacket vant,
und tet mit sîner zeswen hant
über den wirt und sîniu kint
und über ieslichez sîn rint
daz kriuze mêr denne zehen stunt.
40 dar zuo ruorte er den munt
rehte als er spræche einen segen.
des begunde er vlîziclîche pflegen.
dô der wirt daz gesach,
dô gestuont er, daz er niht ensprach
45 und nam et sîner gebærde war.
dô wincte im der diep dar.
der wirt gienc hin nâher baz.
dô sprach der diep: «sihestu daz,
wie ich dîn guot gesegenet hân?
50 ich wil dich niht verliesen lân.
ich bin ez, sande Martîn,
und wil dir gelden dînen wîn,
den du getrunken hâst durch mich.
dîn trinken ist sô grœzlich,

---

33 Er g. *BL*, Vnd g. vil g. *c*. 34 Sein gwant zoch er *B*, Er zuckt sinen mantel *L*, Da zoch er s. g. *c*. *Nach* 34: Vñ was er an hatte Daz zoch er ab vil drate *L*. 35 Do jn *L*. 36 Der dieb m. s. *L*; tet im m. *H*; mit der *B*; rechten h. *c*. 37 Daz creůtz ü. *c*; vber siniu *AHBc*. 38 Vnd auch über *c*; iesliche *A*, yegleichs *B*, allü *L*, etlich *c*; sîn *f. Hc*. 39 mere *A*, me *H*; zweinzik *H*, tawsent *B*; Tet d. k. wol hundert s. *L*. *Statt* 39.40: Dar zů rürt er den mv̄nt Daz kreucz macht er zwainczig stüt *c*. 41 Vnd tet alz er s. *c*; den s. *BL*. 42 fleizig *Bc*, vlîziclîche *f. L*. 43 ersach *BL*. 44 Do stvnt er d. *H*, Er stunt (sweig *c*) d. *Lc*; sprach *BL*. 45 ot *H*, et *f. BLc*. 46 er dem wirt *B*; Der dieb winckt jm d. *L*. 47 gie *HB*; dar n. b. *H*, hin zu paz *B*, hin *f. L*. 48 Der dieb s. *BLc*; sistu *A*. 51 ez *f. HB*; Jch bins der güt s. m. *L*. 52 Jch w. *L*. 53 D. dů trīckest *c* 54 frŏlich *c*.

55 daz du durch mînen willen tuost,
 daz du sîn wol geniezen muost.
 ez wâren diebe herkomen
 und wolden dir hân genomen
 dîniu rinder und dîn ander guot.
60 durch daz hân ich mich hergemuot,
 daz ich dîn guot unde dich
 behüeten wil (daz lâze an mich);
 des wil ich vlîziclîche pflegen.
 ich hân getân mînen segen
65 über dich und allez, daz du hâst,
 swâ du dîn guot ligen lâst,
 daz dir nieman niht versteln kan.
 nu lesche daz lieht, lieber man,
 und ginc an dînen gemach hin.
70 dannen ich herkomen bin,
 dar wil ich ouch hin wider varn
 und wil dich iemer bewarn.»
 dô weinde der wirt vor liebe
 und geloupte dem diebe,
75 daz er sande Martîn wære.
 «wol mich armen sündære»,
 gedâhte er in dem muote sîn,
 «daz mich sande Martîn

---

55 D. du tust durch den willen min *L*.   56 vil w. *H*; wol *f. Bc*;
Du solt gar on sorge sin *L*.   57 Hie *H*, Da *L*; her ein k. *BL*.
58 Die *HB*; w. d. gerne *H*; Die hetten gᵊn dir g. *L*.   59 andᵉ din *A*,
ander *f. Bc*.   60 Dar vmb *Bc*, Nu *L*.   61 als din g. *L*; auch dich *c*.
63 Ich wil din *L*; ich dir *c*; vil wol p. *B*, fleißig p. *c*.   64 Vñ h. *L*;
Dar vmb h. i. m. s. *c*.   65 vnd vbᵉ a. *A*; allez *f. B*; Vber (Getan über
c) alles d. d. h. *Lc*.   66 Wa *BLc*; dv nv d. g. *H*; g. nu *B*.   67 dirs n.
Bc, dir es n. *L*; gestellen *c*.   68 gutᵉ *B*.   69 ge *B*, gang *Lc*; zu dem
wine *L*.   70 her *f. B*.   71 Da *ABc*; ouch ich *H*, ouch *f. c*; ich bald
w. *L*; wider *f. B*.   72 Jch w. *L*; i. mer *BL*.   73 Dᵉ wirt w. *c*; võ l.
L.   74 g. auch *c*; disem d. *L*.   75 D. ez *A*.   76 Nu w. *B*.   78 der
güt s. *L*.

              hie heime hât gesuochet
80   und der genâden ruochet,
              daz er mich und mîn guot
              mit sînem segen hât behuot.»
              er neic vil williclîche dar
              und erlaschte daz lieht gar.
85   er wolde vil gewis sîn,
              ez wære sande Martîn.
              daz quam von sîner trunkenheit
              (des wart der diep vil gemeit).
              Er gie vrœlîche hin wider in.
90   «wol mich, daz ich sô sælic bin»,
              sô sprach er zuo den sînen,
              «ich hân sande Martînen
              mit mînen ougen gesehen.
              mir mac nu niemer misseschehen.
95   er hât mir des gesaget danc,
              daz ich sô vollíclîche tranc
              durch sîne grôze liebe.
              er giht, daz ich die diebe
              gevürhte niemer mêre.
100   er hât mich alsô sêre
              gesegenet unde mîn guot,
              daz mir deheiner niht entuot.
              die mir nu triuwen schuldic sîn,

---

79 heymen c.   80 Daz er d. B; hat gerůcht c.   83 vil f. B, gar w. L; Vnd n. ym fleißclich d. c.   84 Vnd er c; verleschte Hc, last L; l. für war L.   85 Vñ w. HBL. Vnd want gar g. c.   86 der güt s. L.   87 Der qu. H.   88 was HBc; lip H.   89 gyng c; hin f. L; froleich wider hin B.   90 W. mir L; sô f. A.   91 Sô f. Lc; dem gesynde sein c.   94 nicht missesehehñ B; M. m. kain übel me beschechñ L.   94 f. c.   95 daz L; gesait B.   96 ich ie Hc; sô f. B; so sere L, so frölichen c.   98 spricht c; g. ich sül L.   99 Nicht fürcht B, Gefürchten L, Dörff geförchten c; niemer f. B.   100 Wan er c.   101 G. wol vñ als L; vnd auch alles c.   102 niemant B, kain dieb mer (f. c) Lc; tut BL.   103 trüwe L; D. m. mit trewn sein B, Alle die mir liep sein c.

die trinken hînte mînen wîn
105 durch sande Martînes êre.
ichn wil nu niemer mêre
an sînem lobe gehinken.
wolden mîniu hüener trinken,
den wolde ich schenken», sprach er.
110 «schenke vrœlîche her!»
sprach er ze sînem knehte,
«ich hân vernomen rehte:
swer die heiligen êret,
daz ist vil wol bekêret.
115 wir suln trinken mînen wîn
sô sêre, daz sande Martîn
iemer mêr ein herre sî,
und suln trinken dâ bî,
daz er uns sîn iemer danc sage.
120 sît ich im sô wol behage,
daz er mich vor schaden wil bewarn,
nu wil ich niemer niht gesparn.
swaz ich gewinne hinnen hin,
daz wil ich trinken durch in.
125 des hân ich rehte schulde.
wie mohte mich sîn hulde

---

104 hin *H*, heinaht *B*, hie nü *L*. 106 Ich *HL*, Wan ich *c*; nu *f. Bc*; jmmᵉ *B*. 107 abn̄t *B*, globn̄ *L*; hinkn̄ *BL*, gewencken *c*. 108 Vnd möchten mein hůnde getrīcken *c*. 110 Schenka *Bc*, Sch. vns *L*, Sch. mir *c*. 111 dem k. *L*. 112 befvnden *HBL*, mich besv̄nnen *c*. 113 Wer *BLc*. 114 D. wirt wol widᵉ keret *B*, D. er sin glucke meret *L*, Dᵉ hat sich wol b. *c*. 115 Ir sult *B*; Da von trinckent m. w. *L*, Da vō trincken wir den w. *c*. 116 sêre *f. B*. 117 mêr *f. B*; Einer mer dancknem sy *L*, I. müß e. h. sein *c*. 118 sult *B*, sent *L*; t. den wein *c*. 119 sîn *f. L*; iemer *f. Bc*. 121 Vn̄ m *L*; wil v. sch. *B*; vor schaden *f. c*. 122 Ich w. *Lc*; enwil *H*; niht *f. B*, nimᵉ mer *Lc*; sparn *B*. 123 Waz *BLc*; getriche *A*; nu hin *B*, fůrbaz *c*. *Nach* 123: Daz sage ich euch an allen haß *c*. 124 vᵉtrinkn̄ *BLc*. *Nach* 124: Vff trīcken secz ich mein syen *c*. *Statt* 125.126: Wie möcht mich sein hůlde   Anders han zů meinᵉ schůlde *c*.

iemer sanfter anekomen?
sît ich von im hân vernomen,
daz er trinkens gegert,
130 des wirt er von mir wol gewert».
er sprach wider sîn wîp:
«nu ginc, sô dir dîn lîp,
und trac einen alten kæse her.
des sul wir ezzen», sprach er,
135 «dâ ist daz trinken guot nâch».
dô wart dem wîbe vil gâch;
si brâhte im swaz er vor sprach.
swaz dô dâ trinkens geschach,
des wart ein vil michel teil.
140 si trunken umbe diu zwei heil:
der sêle und des lîbes.
sîne sinne und sînes wîbes
und der andern alle gemeine
die wurden des nahtes kleine.
145 er sprach: «trinket vaste, liebiu kint!
ez ist rehte allez ein wint,
swaz hie trinkens ist geschehen.
man sol noch solchez trinken sehen,
daz wol mit êren müge sîn.

---

128 h. v. im *B*. 129 an mich t. *L*; gert *HBL*, begert *c*. 130 wol v. m. *B*, von mir *f. c*; D. sol er v. m. sin g. *L*. 131 s. och *L*; zu seinē *B*. 132 ge *Bc*, gang *L*; durh meī l. *B*, als lieb dir sin din l. *L*, samer mein l. *c*. 133 Trag vns *L*; t. mir eins *c*; alten *f. B*. 134 Den *HBc*; also s. *c*. 135 vil g. *L*. 136 Secht da *L*, Nû *c*; vil *f. L*. 137 Vñ b. *HLc*; waz *Lc*; gesprach *L*, Vñ tet wz er s. *B*. 138 Waz *HB*; t. da *B*; Dez t. so da g. *L*, Daz trĩcken waz nicht daz da g. *c*. 139 Sein wart hˢ nach ein *c*; vil *f. Bc*. 140 Vñ t. *L*; diu *f. A*. 141 vnd och *Lc*. 142 sinne *f. L*; vnd auch *c*; Seins gsinds vñ s. w. *B*. 141.142 *umgestelt HL*. 143 alle *f. B*, al *L*, aller *c*. 144 vil k. *c*; Ir sorg waz vil k. *B*, Ir sorg warent wordñ clain *L*. 145 vaste *f. Lc*; liben *HBc*. 146 Wan ez i. a. noch *c*; i. noch a. gar *L*. 147 Waz *BLc*; t. hie *B*, hie *f. c*; beschechñ *L*. 148 solhe *A*, svlche *H*, sölich *L*, ein t. *c*; trvnke *H*. 149 Die *HL*; D. ez m. *c*; mvgen *HL*, mag gsein *Bc*.

150 wol dir, herre sande Martîn!
wer möhte dir gelîchen?
si müezen dir alle entwîchen,
die dâ ze himelrîche sint.
hebet ûf den becher, liebiu kint,
155 und schenket in des kalden!
sande Martîn müeze sîn walden,
daz wir hînte getrinken sô,
daz sîn die sêle werden vrô.
trinket vaste über maht!
160 welch heilige hât ouch eine naht
sô guote als sande Martîn?
möhte wir allen mînen wîn
noch hînte getrinken ûz,
daz wânde ich niht mit einer grûz. ♦
165 sus tranc er und die sîne
dem guoten sande Martîne
ze lobe und ze minnen,
unz si quâmen von den sinnen
und deheiner witze pflâgen
170 und enwesten, wâ si lâgen.
   Dar an geschach dem diebe
des nahtes vil liebe.

---

150 Wolt der h. *B.*   151 sich d. *L.*   152 alle *f. L.*   153 Waz heilgen
jn dem hiemel s. *c.*   154 ûf *f. L;* liebñ *Bc,* liebe *L.*   155 vns d. k. ein
B; alten *Lc.*   156 ez w. *H;* Sein müzz s. martein *B.*   157 Waltñ d.
B; hînte *f. B,* hinacht *L,* kynt *c;* t•nkñ *B,* trinckent *L;* also *c.*   158 D.
vnser sele (selen *L*) *HBL,* D. sein vnser s. werde froe *c.*   159 Nu t. *BL.*
160 Welher *Lc;* ouch *f. BLc;* ein sûlche n. *c.*   161 Alz g. *c;* g. so *HB.*
162 Vnd m. *c;* Möcht ir *BL.*   163 hin nacht *L;* allen g. *H;* trincken *L.*
164 Ichn w. ez n. *H;* vmb ain g. *B;* nuß *L,* mûß *c.*   165 Sust *B,* So *c;*
sinen *L;* daz gesynde sein *c.*   166 Zû eren d. *c;* martinen *L.*   167 Zv
liebe *HBL;* minne *A.*   168 Dez daz si *B,* Biß si *L;* den *f. BL;* dem
sinne *A.*   ***Statt*** 167.168: Vnd die bey ym waren jnnen   Biz ir keyns
behûb sein synne *c.*   169 keiner *HBLc;* witzen *H;* nicht enpflageñ *c.*
170 Vnd nicht *BL,* Vnd auch nit *c;* enwessen *A,* westen *Bc,* wisten *L.*
171 Da g. *A,* D. nach *L.*   172 harte *Hc,* gar *B,* manig *L.*

   der treip ûz sînem stalle
   die starken ochsen alle
175 und dar zuo manic guote kuo.
   dô der wirt des morgens vruo
   erstuont von sîner trunkenheit
   und hin ze sînem stalle schreit,
   dô was er rinder lære.
180 nu sagete er bœsiu mære.
   er sprach ze dem gesinde sîn:
   »ich wæne, uns sande Martîn
   diu rinder elliu hât genomen;
   ich enweiz, war si sint komen.«
185 dô wart der morgen, dunket mich,
   dem âbende niender gelich.
   dem er des âbendes hæte wol
   geschenket zweinzic becher vol,
   dem schancte er nu niht einen.
190 er begunde vaste weinen;
   alsô tâten elliu sîniu kint.
   dô sprach sîn wîp, er wære ein rint
   an allen den witzen sînen,
   daz er sande Martînen
195 mit sînen ougen wânde sehen.
   des was im schade und schande geschehen,

---

174 Sin s. o. *HBc*, D. grossen o. *L*. 175 Dar zu manig kü *L*, U. auch sein g. kûwe *c*. 176 früwe *c*; Des m. vil fru *B*. *Statt* 177: Da der wirt nu erstuent Als die trunkn̄ all tunt Nach der trunkenhait *B*. 180 Do *HBLc*; sait *Lc*. 181 Vn̄ s. *HB*. 182 w. daz *L*, w. daz vns *c*. 183 Vns d. r. *L*, Der r. *Bc*; elliu *f. B*; hab *Lc*. 184 Ichn *H*; weiz *HBL*; niht w. *HB*; war div rind⁸ sin *A*, wa sy s. *L*; I. weiz anders nit wo sie hin s. k. *c*. 185 Donen *H*, Er sprah der m. *B*, D⁸ m. w. dez d. *c*. 186 nind⁸t *B*, nyrgen *c*; gar vngelich *L*. 188 tusent b. *L*, den b. *c*. 189 gab er dez morgēs kaynen *c*. 190 ser *L*. 191 Sam t. *L*; t. auch s. *c*. 192 Sein w. s. *Bc*; w. blynt *c*. 193 Gar an *L*; den *f. L*; Vnd alle die synne sein *c*. 196 Svst w. *HB*, Sus w. *L*; vn̄ last⁸ *B*; beschechn̄ *L*; Also leit w. ym g. *c*.

doch klagete er michels vaster
den schaden denne daz laster.

Dâ mane ich mîne vriunde bî:
200 swie guot des diebes rede sî
und sîn gebærde dar zuo,
daz man im doch sîn reht tuo
und in vür einen diep habe.
er muoz die liute rihten abe
205 mit sînen witzen, swâ er mac.
er werte niht einen halben tac,
jæhe er selbe, er wære ein diep.
des ist im nôt unde liep,
swâ mit er sich gevristen kan.
210 man sol in vür einen getriuwen man
durch sîniu wort niht hân,
ern lâze diu werc dar nâch gân.
ern triuget nieman sô vil
sô den, der im getrûwen wil.

---

197 Aber d. *c*; michel *AHL*, michels *f. c*. 198 wan d. *B*, vnd d. *c*.
199 Hie main ich min rede da by *L*. 200 Wie *BLc*. 201 geheizze *A*.
202 dz r. *B*. 204 den leŭten *c*; leitten ab *HBL*, liegen ab *c*. 205 wortñ
BLc; wie *Bc*, wa *L*; kan *c*. 206 Ern *H*; wer *B*; halben *f. H*. 207 Sprach
L. 208 Ez *B*; vñ auch *B*; Dez ist jn not vñ wirt in l. *L*. 209 Mit wew
B, Wa m. *L* 206–209 *fehlen c*. 210 Doch sal man fŭr *c*. 211 enhan
L; Nich dorch sein wort h. *c*. 212 Er *BLc*; dan die w. *c*; began *L*.
213 Er getrawt n. *B*, Er betrüget n. *L*. 214 So dem *B*; gelovben
HBL. *Statt* 213. 214: Hye endet sich dˢ paŷman Got tŭ vns aller
sŏrgen an Der dīz bŭch hat geschrieben Dˢ ist an schŏn fraŭwen
blieben *c*. *Nach* 214: Daz ist des pawmans mer Got helf vns auz
allˢ swer Amen fiat *B*.

XII

Der durstige Einsiedel

    Ez was ein luoderære;
der wart vil wîten mære.
er begie solche unmâze
mit trinken und mit vrâze
5 und mit unstæter minne,
daz er alle die gewinne
ze jungest gar verzerte,
die im got ie bescherte.
dô er mit vollen dar quam,
10 dâ elliu sîn vröude ein ende nam,
dô begunden in riuwen sêre
beidiu vriunde, guot und êre.
er gedâhte in sînem muote:
«ich bin komen von dem guote.
15 nu beginnent mich grüezen trâge
beide vriunt und mâge.
ê ich sô lästerlîche lebe,
mir ist bezzer, daz ich ûfgebe

XII. *H* 185 (*Bl.* 322*vb* – 325*rb*)
Überschrift: Ditz ist von einem Lvderere   Ein vil hvbschez mere *H*.
10 Do *H*.   11 begonde *H*.   12 Beide *H*.

die werlt, diu mich verleitet hât,
20 daz mir der sêle werde rât.»
   Sus wart er des ze râte
eines âbendes vil spâte
in einer grôzen trunkenheit,
daz er des swuor einen eit
25 vor sînen vriunden allen,
er wolde lâzen vallen
beidiu hôchvart unde übermuot
und tuon, als ein man tuot,
der dem tîvel wil enpfliehen,
30 und wolde sich morgen ziehen
in einen walt, der stuont dâ bî.
«swer gerne in mînem gebete sî»,
sprach er in weinende zuo,
«der kome her morgen vruo,
35 sô wil ich urloup nemen hie.»
«nu beitet, neve», sprâchen sie,
«iuwer dinc stât nahtlanc wol.
iu ist daz houbet wînes vol;
dar umbe lât iu niht sîn ze gâch.
40 liget unde slâfet dar nâch
und saget uns morgen iuwern muot.»
der rât endûhte in niht guot.
er begunde zornlîche swern,
ezn mohte im lenger niht erwern
45 der tîvel noch dehein sîn bote,
ern wolde kêren hin ze gote.
diu naht dûhte in vil lanc.
sîn ernst unde sîn gedanc
die schuofen, daz er niht slief.
50 ze gote er weinende rief
die naht unz an den morgen.

---

21 Svst *H*.   27 Beide *H*.   32 bete *H*.   34 Do chom *H*.   38 Nv ist *H*.   40 der nach *H*.   42 endvncket *H*.   45 kein *H*.

noch was dâ unverborgen
sîn trügenlichiu riuwe;
diu was dannoch vil niuwe,
55 dô in belûhte der tac,
durch daz er slâfes niht enpflac.
    Dô quâmen sîne vriunde dar;
die wolden werden gewar,
waz nu sîn wille wære.
60 «ich wil werden ein riusære
vil gerne», sprach er, «und iemer sîn».
dô sprâchen die vriunde sîn:
«hie wil got wunder schaffen.»
dô bâten si den pfaffen,
65 daz er im ze volleiste
von dem heiligen geiste
ein messe sünge umbe daz,
daz im gelünge deste baz.
der pfaffe sanc; dô daz geschach,
70 einen grôzen segen er dô sprach
über den bekêrten man.
dâ mit schieden si von dan.
sîne vriunde wolden daz niht lân:
si wolden mit im alle gân
75 und sehen, wâ er belîbe,
ob si ir muot nâch im trîbe,
daz si westen wâ in vinden.
sine wolden niht erwinden,
sine giengen mit im in den walt,
80 der ze einer mîle wart gezalt.
er sprach: «hie wil ich belîben.
mich enmac hie niht vertrîben
wan der gewaltige tôt.
ir sult mir senden iuwer brôt

---

61 und *f. H.*   64 So *H.*   74 Sie begonden *H.*   75 Vn̄ wolten s. *H.*
79 Sinen *H.*   80 Daz *H.*

85 in der wochen zeiner stunt.
   iu wirt solche genâde kunt
   von mînen schulden, sol ich leben,
   daz ir mirz gerne muget geben.»
       Dô kêrten sîne vriunde wider.
90 dô leite er sich ouch dâ nider.
   sîn unvröude was sô grôz,
   daz in des weinens bedrôz.
   ern mohte ouch niht gewachen mê;
   diu ougen tâten im beidiu wê.
95 dô er nâch slâfe ûfstuont,
   dô tet er, als die wîsen tuont:
   er begunde got vil sêre loben,
   daz er von des tîvels kloben
   sô zîtlîche was entrunnen.
100 «du hâst mich wol gewunnen»,
   sprach er, «lieber herre got.
   ich leiste gerne dîn gebot.»
       Swie ez im diu trunkenheit geriet,
   daz er sich von den liuten schiet
105 und die werlt hâte versprochen:
   ez was wol zweinzic wochen,
   daz er sîn niht wandels gerte.
   die wîle daz vleisch werte,
   daz er dâ an im truoc,
110 dô was er kreftic genuoc;
   sîn muot was guot und ungeschart.
   dô aber des vleisches ende wart,
   dô gewan er solche unkraft,
   daz er mit zwîvel wart behaft.
115 er begunde nâch wîn denken.
   dô gie ez an ein wenken.
   er gedâhte: «ich vil tumber man,

---

90 der nider *H*.   94 Die taten im beidensamt we *H*.   106 Er *H*.
107 wandel *H*.   114 z. so b. *H*.

wie vâhe ich nu mîn dinc an?
möhte ich hie wîn gewinnen,
120 ichn quæme niht von hinnen.
unz ich hie bin, sô bin ich wert.
ich wirde, daz mîn nieman gert,
swenne ich zuo den liuten var.»
sus gedâhte er her unde dar.
125 man brâhte im vür die hungernôt
bônen, arweiz unde brôt.
daz mohte im nu niht vröude bern.
er begunde wînes vaste gern.
 Dar nâch wol in zwelf tagen
130 quam ein wîp durch wârsagen;
diu wolde im pfenninge geben:
«sône hæte ich niht ein rehtez leben.
ich sol behalden daz gebot:
an den buochen stât, daz got
135 deheine miete nie genam,
swem er ie ze helfe quam.
wil du des die liute verdagen,
ich wil dir gerne wârsagen.»
«jâ, herre, gerne», sprach daz wîp,
140 «dîn reine sêle und dîn lîp
diu quâmen sæliclîche her.»
«nu ginc hin heim», sprach er,
«und bringe mir des dînes
einen kopf vol guotes wînes.
145 den segene ich unz an die vrist,
daz er sô wol gesegenet ist,
daz ich dar inne sihe wol,
swaz dir geschehen iemer sol
an der sêle und an dem lîbe.»
150 sus schuof er mit dem wîbe,

---

124 Svst *H*. 132 Sonen *H*. 135 Keine *H*. 150 Svst *H*.

daz si vil balde heim gie
und einen grôzen kopf gevie
und koufte in guotes wînes vol.
ir tet der schade harte wol
155 und ouch diu arbeit dar zuo.
des andern morgens vruo
quam si hin wider zehant,
dâ si den einsidel vant.
er enpfienc si wol genuoc,
160 beide si und der den kopf truoc;
daz was ein wêniger kneht.
er sprach: «swester, ez ist reht,
daz ich dir gelde disen ganc.
er ist beidiu kurz und lanc:
165 er ist lanc von dîner arbeit
und ist kurz von der sælikeit,
die ich dir hân erworben.
dîne sünde sint erstorben;
die hât dir got durch mich verlân.
170 doch solt du eine buoze hân,
die du benamen leisten muost:
daz du mir dîn bîhte tuost.»
dône satzte si sich niht wider.
si hiez in sitzen dâ nider
175 und sagete im alle ir missetât.
er sprach: «nu wirt dîn guot rât.
du hâst den antlâz von gote;
des bin ich ein gewisser bote.
du bist aller heiligen genôz.
180 die sælde lâ dich dunken grôz,
sît dir sô wol geschehen ist,
und hüete dich nâch dirre vrist,
daz râte ich bî den triuwen mîn;

---

158 Do *H*.   159 Ern pfiench *H*.   164 beide *H*.   165 Ez *H*.   167 d.
dar vmbe h. *H*.   173 Donen *H*.   174 dar nider *H*.   177 vor g. *H*.

du maht vil gerne heilic sîn.»
185 den wîn satzte er vür sich
und tet rehte dem gelich
mit der hant und mit dem munde
ein vil lange stunde,
sam er einen segen tæte
190 und got vil sêre bæte.
dô begunde er in den wîn sehen.
er sprach: «swester, dir wil vil geschehen
beide sælden und êren.
got der wil an dich kêren
195 sîner genâden ein michel teil;
dir wil êre unde heil
in kurzen zîten geschehen
sô vil, daz du beginnest jehen,
daz under dînem künne
200 nie wîp sô vil gewünne.
des danke gotes hulden!
wirt ez von dînen schulden
niht verworht und verlorn,
du bist ze sælden erkorn;
205 des wirstu kurzlîche innen.
got gesegene dich, ginc von hinnen!
ich sol an mîn gebet gân;
daz ensol ich lenger niht verlân.»
si genâdete im vil sêre.
210 dô ensûmete er sich niht mêre.
als schiere daz wîp von dannen quam,
den kopf er gîtlîche nam.
den satzte er an sînen munt
und tranc in einer kurzen stunt
215 swaz er dâ wînes inne vant.
«herre got», sprach er zehant,

---

215 innen *H*.

«sine suln niht verlorn sîn,
die gerne trinkent guoten wîn.
nu dienet man dir doch dâ mite.
220 du weist wol, ob ich in vermite,
sône möhte ich lenger niht genesen
und enmöhte ouch hie niht lenger wesen.
sît ich hie gerne belîben wil,
nu sende mir sîn alsô vil,
225 daz ich den lîp dâ mit gelabe
und ouch mîn êre alsô behabe,
daz ich hie stæte belîbe.»
   Nu vernemet von dem wîbe,
ir wort, ir werc und ir gedanc.
230 si dûhte, si hæte einen ganc
ze disem guoten man getân,
si solde sîn iemer vrume hân
an der sêle und an dem lîbe.
dô quam si ze einem wîbe,
235 der was si lange heimlich.
si sprach: «westest du, waz ich
bevunden habe an disem tage,
daz ich vil tougenlîche trage,
du næmest ez vür zehen pfunt.
240 dir enwart nie niht sô guotes kunt.»
«deiswâr», sprach diu ander dô,
«wir sîn herkomen alsô:
swaz unser einiu ie bevant,
daz weste diu ander zehant;
245 daz sol ouch iemer stæte sîn,
dune brechest danne die triuwe dîn.
swaz ich weiz, daz sage ich dir.»
si sprach: «sô gelobe mir,
daz du ez mit triuwen verdagest

---

217 Sinen *H*.   219 der mite *H*.   221 Sonen *H*.   222 ovch ze lenger niht w. *H*.   243 eine *H*.   246 Dvnen *H*.

250 und ez niht vürbaz ensagest.»
des tet si ir einen hantslac.
«ichn kan dir», sprach si, «noch enmac
die sælde niemer volsagen,
waz du genâden maht bejagen
255 an dem aller heiligesten man,
des ich ie künde gewan,
dem einsidel in dem walde.
dar solt du gâhen balde
mit einem kopf vol wînes.
260 ern nimet niht mê des dînes.
den segenet er, unz er dar inne siht,
swaz dir iemer mê geschiht
beidiu lebende unde tôt.»
dô wart ir ernst unde nôt.
265 si gâhete alsô über maht,
daz si dannoch vor der naht
hin zuo dem einsidel quam
und mê genâden dâ vernam,
denne ie dehein wîp enpfienge,
270 ob si iemer ze Rôme gienge,
daz ez niht bezzer mohte sîn.
dar nâch segenete er den wîn
und sagete ir manic künftic heil.
dô wart si vrô und alsô geil,
275 daz si wânde, unser herre got
der leiste allez ir gebot.
si quam vil vrô hin heim wider.
ê si gesæze dâ nider,
dô sagete si ir gespiln danc,
280 daz in zwein dâ sô wol gelanc,
daz hâten in kurzen stunden
gar elliu diu wîp bevunden,

---

257 Der *H.* 258 soltv *H.* 259 vollem *H.* 269 kein *H.* 276 leistet *H.* 277 in heim *H.* 278 dar nider *H.*

        diu in der gegende wâren.
        dô begunde ieslichiu vâren,
285   daz si sæhe disen wîssagen.
        sus wart dar wînes getragen,
        daz er sîn wol genuoc gewan.
        dar nâch wurden ouch die man
        dar gânde mit den wîben.
290   daz begunden si alsô trîben,
        unz si der arbeit bedrôz
        dar umbe, daz sich hâres grôz
        diu genâde niender sehen liez,
        die er den liuten gehiez.
295   dâ von zegie diu betevart,
        daz er aber âne wîn wart.
        dô gedâhte er in dem muote sîn:
        «ouwê, wie gewinne ich wîn?
        daz man mich nu sô selden siht,
300   ich weiz wol, wâ von daz geschiht:
        ich bin von in ze verre.
        ê mir daz sô sêre werre,
        ich hûse ê nâher hin ze in.
        ez was ein michel unsin,
305   daz ich in sô verre ie gesaz.
        weiz got, ich muoz hin nâher baz.»
          Er gie von dannen balde,
        unz er ûz dem walde
        eine halbe mîle gegie.
310   er gedâhte: «ich wil ez versuochen hie.
        sint si noch dâ her ze laz,
        ich hûse in aber nâher baz.»
        die im dar brâhten daz brôt,
        die vrâgeten in, durch welche nôt
315   er dort hæte gerûmet.

---

286 Svst *H*.   292 d. si sich *H*.

er sprach: «dâ wâren si versûmet,
die ich ze gote sol bekêren
und rehtez leben lêren;
den wil ich kürzen den ganc.
320 nu was der wec dâ hin ze lanc.
sît ich ein lêrære bin,
ez wære gote ein grôz gewin,
daz ich bî den liuten wære.
ein ieslich lêrære
325 der ist den liuten nütze bî.
wæren mîn drîzic unde drî,
wirn wæren hie sô nütze niht,
sô ich dâ bin, dâ man mich siht
und mîn lêre vernimet.
330 ich kan, daz gote wol gezimet.»
    Dô enquam im aber wînes niht.
er gedâhte: «ez ist sus enwiht.
ich muoz hin zuo dem velde,
swie man mich dar umbe schelde.
335 ich muoz benamen wîn hân.
ich wolde ê ditz leben lân,
denne ich den wîn verbære.
ich bin ein mordære
noch ein roubære niht gewesen;
340 si wellent alle genesen.
die bî den liuten bestânt
und wînes wol ir teil hânt,
die sint michel wîser denne ich.
der si dâ neme, der neme ouch mich.
345 hie ensolden niht wan wolfe sîn.
dâ liute sint und guoter wîn,
dâ bin ich baz denne hie.»
her vür den walt er dâ gie.

---

320 wec *f. H.*   321 leren *H.*   322 Er *H.*   332 svst *H.*

dâ schuof er aber sîn wesen.
350 dâne mohte er niht genesen.
die liute wurden im sô gram,
durch daz er ûz dem walde quam,
daz man im niht ensande.
nu sehet, wie er genande:
355 er huop sich selbe in die stat.
swer in dâ ze hûse bat,
dem dankete er vil sêre.
dô wart er und sîn lêre
ze jungest ungenæme
360 und den wîsen widerzæme;
die sâhen in alle ungerne.
swâ danne ein taberne
vol trunkener liute saz,
dar gie er unde schuof daz
365 in einer kurzen stunde,
sô er predigen begunde,
daz si alle ir sünde weinden
und sich mit riuwen reinden
und buten alle ir becher dar.
370 si sprâchen: «trinket ez ûz gar!
trinket, lieber meister mîn!
wære ez bezzer denne wîn,
wir gæben iu ez vil gerne.
disiu edele taberne
375 hât iuwer süezen lêre
und des guoten wînes êre.
wol iu in iuwern munt!
iu ist allez daz kunt,
daz diu wîsheit gebiutet.»
380 sus wart er sô getriutet
mit lobe und mit trinken,

---
350 er sin n. *H.* 353 niht *f. H.* 354 wa er *H.* 355 Vñ h. *H.*
380 Svst *H.*

>   unz er begunde sinken
>   slâfende ûf eine banc.
>   dar nâch enwart niht vil lanc,
> 385   unz daz sîn werdikeit verdarp
>   und niht wan tôren lop erwarp.
>
>   Dô er als ein tôre begunde leben,
>   dô begunden si im alle geben
>   tôren leben und tôren namen.
> 390   dô begunde er sich ouch verschamen
>   und lie sich, als si solden,
>   haben vür swaz si wolden.

XIII

Der unbelehrbare Zecher

    Ez was hie vor ein wînes slunt,
der wære niht umbe ein pfunt
einen tac âne wîn gewesen.
ern trûwete ein wîle niht genesen,
5 swenne er niht trunken was.
daz er von wîne genas,
daz was ein wunder harte grôz.
swie vil er in sich gôz,
des dûhte in allez niht genuoc.
10 sô man im tages dar truoc
swaz er getrinken mohte,
daz enhalf niht noch entohte;
als ez nahten began,
sô vie er anderstunt an
15 und tranc unz nâhen zuo dem tage.
daz was sîn aller meistiu klage,
daz er sîn trinken danne lie,

XIII. *A* 64 (*Bl.* 48*vb* – 49*vb*)   *H* 184 (*Bl.* 322*ra* – 322*vb*)
 Überschrift: Ditz ist von einem win slunt   Der ver trank manich pfunt *H*.
 1 win s. *H*.   2 Dern *H*.   6 von trinken *H*.   9 endovcht *H*.
14 vienge *H*.   15 unz *f. A*; nach *H*.

sô in der slâf anegie.
   Dô quam im ein sîn vriunt zuo
20 eines morgens alsô vruo,
   dô er von dem slâfe ûfstuont.
   der tet als die getriuwen tuont;
   er sprach: «vil lieber vriunt mîn,
   daz ich mich muoz getrœsten dîn,
25 daz müet mich vil sêre.
   dune trahtest niht ûf êre.
   ez ist aller dîner vriunde klage,
   daz du die naht zuo dem tage
   niemer nüehter enwirst
30 und niemer trinken verbirst,
   die wîle und dich der slâf lât.
   daz dich der wîn gescheiden hât
   von aller dîner werdikeit,
   daz ist uns allen samt leit.
35 sît duz durch unser lêre
   noch durch dîn selbes êre
   niht enlæzest noch durch got,
   sô ist daz des tîvels gebot,
   daz dichs doch niht betrâget.
40 du hâst gar gewâget
   durch dînen meister, den wîn,
   die sêle und ouch den lîp dîn.»
   dô sprach der wîngîte:
   «ichn zürne noch enstrîte
45 umbe iuwer zuht niht (daz ist reht);
   si ist getriuwe und ist sleht.
   iedoch enmac ich mîn leben
   durch iuwern rât niht ûfgegeben.

---

22 so d. *H*.   23 l. neve *H*.   26 Dv achtest *H*.   29 wirst *H*.
31 vntz d. *H*.   35 dv ez *H*.   37 enlæzze *A*.   39 dich ez *H*.   42 ouch
f. *H*.   41.42 *umgestellt H*.   45 Dvrch *H*.   46 g. vñ s. *H*.

mîn leben dunket mich vil guot,
50 sô ez allen mînen willen tuot.
ez kürzet mir die stunde.
ichn hân niht jagehunde,
noch winde, noch vederspil,
ich hân ouch rosse niht sô vil,
55 daz ich turnieren rîte
noch ze ritterlichem strîte.
ich enweiz ouch niht der vrouwen,
die mich iht gerne schouwen.
ich hân ouch niht sô guot gewant,
60 des ich ze vüeren in daz lant
deheine vröude müge hân.
sol ich ze tanze nacket gân?
dâ bin ich ouch der liute spot.
neve, tuot ez durch got,
65 sît mir diu sælde hât gegeben
nâch mînem willen ein leben,
und lât mich belîben dâ bî.
swie êrelos mîn leben sî,
ich gæbe ez umbe daz iuwer niht.
70 daz man mich dicke trunken siht,
daz ist diu beste vröude mîn:
dar umbe trinke ich den wîn,
daz er mir in daz houbet gê.
ich hân niht himelrîches mê
75 wan trinken unde trunkenheit.
geschach mir ie dehein leit,
daz ist mit vröuden dâ hin,
die wîle ich vaste trunken bin.
mir ist der wîn vor allen dingen.

---

49 vil *f. H.* 50 Sit ez *H.* 54 ouch *f. A*; so niht *H.* 55 turnire *A.* 57 Ichn weiz *H.* 59 Ichn *H.* 61 mochte *H.* 63 ovch ich *H.* 68 erenlos *H.* 69 gebes *H.* 70 mich *f. A.* 77 danne hin *H.* 79 der *f. H.*

80 swenne ich mir sihe bringen
   in wîzen bechern guoten wîn,
   daz nime ich vür des meien schîn
   und vür der vogelîn gesanc.
   sagen, singen, seitenklanc,
85 dâ vür sihe ich den wîn komen.
   sô ich den becher hân genomen
   und er mir ûf der hant stât
   und der wîn sprangende gât,
   sô lobe ich in âne lôsen
90 vür die liljen und die rôsen;
   der wîn ist schœner tûsentstunt.
   swenne er mich rüeret an den munt,
   des wirt mîn vröude sô grôz,
   daz ein künic mîn genôz
95 an vröuden gerne möhte wesen.
   daz ich vor vröude mac genesen,
   dâ ist michel wunder bî.
   mich dunket, wie ich gewaltic sî
   und in des luftes hœhe swebe,
100 und swaz in ertrîche lebe,
   daz trage mir dienesthafte gunst.
   ich kan ouch alle die kunst,
   der ie dehein man begunde.
   swenne er mich in dem munde
105 an alle winkel rüeret,
   wie er mich danne vüeret
   der wîsheit in ir ougen,
   sô weiz ich alle tougen,
   sô mac man niht vor mir heln.
110 swenne er mir klinget durch die keln
   sô minniclîche in den lîp,

---

83 sanck *H*.   86 Swen *H*.   88 spranende *A*; vmbe g. *H*.   90 Vur l. vñ fvr r. *H*.   92 mir *H*.   96 vrovden *A*.   97 manich w. *H*. 106 mir d. *A*.   109 Sonen *H*; verheln *H*.

   sô gên slâfen elliu wîp!
   alle werden gotinne,
   die gewaltic sint der minne,
115 die enbræhten mit ir güete
   mîn herze und mîn gemüete
   sô hôhe niemer sô der wîn.
   woldest du, lieber neve mîn,
   daz ich die vröude verkür
120 und sô vil êren verlür,
   sô wære ich mir erbolgen.
   wil du dem wîne volgen
   und mînem râte, sô lêre ich dich,
   daz du mir schiere wirst gelich.»
125 dô zurnde der neve sêre.
   er sprach: «dîn rât und lêre
   sint von mir unversuochet.
   dîn êre sî vervluochet!
   er ist vervluochet, swer ir gert.
130 dîn êre ist aller schanden wert.
   ich sihe unde hœre wol,
   daz ich mich dîn getrœsten sol.
   ich wil dich und den wîn
   bî ein ander lâzen sîn;
135 ichn achte niht mêre ûf dich.»
   alsô schieden si sich.

---

 113 *A*. die w. *H*. 115 Dinen brehten *H*. 121 min e. *H*. 123 r. ich l. d. *H*. 126 und *f. H*; din l. *AH*. 127 versvchet *H*. 128 sint v. *A*. 131 s. ot *H*. 133 Nv w. i. *H*. 135 nimmer *H*. 136 Alsvst *H*.

XIV

Der Richter und der Teufel

In einer stat saz ein man,
des sünde enmac ich noch enkan
noch ensol niht alle künden.
er hâte an allen sünden
5 sô rehte volliclichen teil,
daz ez die liute dûhte ein heil,
daz in diu erde niht verslant.
zwei dinc machten in bekant:
sô sündic und sô rîche
10 was dehein sîn gelîche.
er was dâ rihtære;
sîn leben was wîten mære.

Er begunde eines markettages jehen,
er wolde rîten unde sehen

XIV. *A* 135 (*Bl.* 97va – 98vb)   *H* 195 (*Bl.* 336ra – 337va)   *M* 30 (*S.* 163 – 172)   *W* 28 (*Bl.* 137vb – 139rb)   *L* 132 (*Bl.* 137ra – 138va) [*C* 28; *N* 32; *Q* 7; *V* 30; *J* 2; s^1 3; s^2 2]

Überschriften: Ditz ist von dem Richter hie   Mit dem der tevfel gie *H*. Der tiufel nam eins richt^s war vnd furtē mit im bi dem har *M*.
1 was *HL*. 2 mag *HMWL*. 3 sol *MW*; ich nicht aller *H*.   6 Da ez *A*; tuncket h. *L*. 8 machent *MWL*. 9 noch so *L*. 10 de kein *W*, kain *L*. 12 w. da w. *M*; wite *W*. 14 gesehen *H*.

15 sînen liepsten wîngarten.
des begunde der tîvel warten
des selben morgens vil vruo.
er quam im an dem wege zuo,
dô er von dem wîngarten reit.
20 der tîvel truoc vil rîchiu kleit;
diu wâren harte wol gesniten.
dô quam der rihtære geriten.
wan er in vür einen man ersach,
des gruozte er in unde sprach,
25 wanne er wære unde wer:
«daz ist ein dinc, des ich ger,
daz ir mir daz rehte saget.»
«ez ist iuch als guot verdaget»,
sprach der tîvel zehant.
30 «ez muoz mir werden bekant»,
sprach der rihtære mit zorne,
«oder ir sît der verlorne.
ich hân gewaltes hie sô vil,
swaz ich iu leides tuon wil,
35 daz mac mir nieman erwern.»
er begunde zornlîche swern:
sagete er im niht daz mære,
von wanne und wer er wære,
er næme im lîp unde guot.
40 «ê ir mir sô grôzen schaden tuot,

---

15 besten *H*, schönen *L*. 17 vil *f. HWL*. 18 Der qu. *H*, Kam er *L*; im *f. H*. 19 d. gartñ *L*. 20 vil *f. L*. 21 Vñ w. *W*; waidenlich g. *L*. 22 Der r. kam g. *L*. 23 in *f. H*; sach *AH*. Statt 23.24: Von sinem wingartñ. Er grust jn vñ sprach harten *L*. 25 Wannen *H*, Von wannan (wannen *L*) *WL*; vñ wer er w. *H*; Von wanne sit ir vnd wer *M*. 28 uch besser v. *L*. 32 ir sint v. *L*. 34 iu *f. W*; leides *f. MW*. 35 enmag *W*. 36 zornikliche *H*. 37 Vñ s. *H*, Sagstu mir *M*, Saget ir mir *W*. 38 Wannen *H*, V. wannan *W*, V. wannē *L*; V. w. du sist odᵉ w. er w. *M*. 39 nam *W*, benām *L*; Ich neme dir e l. vnd g. *M*. 40 m. den sch. *L*.

ich sage iu ê vil rehte
mînen namen und mîn geslehte»,
sprach der vervluochte zehant,
«ich bin der tîvel genant.»
45 dô sprach der rihtære,
waz sînes gewerbes wære.
«daz wil ich dich wizzen lân:
ich sol in die stat gân.
ez ist hiute diu zît,
50 swaz man mir ernstlîche gît,
daz ich daz allez nemen sol.»
der rihtære sprach: «nu tuo sô wol
und gunne mir, daz ich sehe,
swaz dir ze nemen geschehe,
55 die wîle und dirre market wer.»
«des entuon ich niht», sprach er.
der rihtære sprach: «sô gebiute ich dir,
daz du niht enkomest von mir
und mich hiute sehen lâst
60 allez, daz du hie begâst.
daz gebiute ich dir bî gote
und bî dem selben gebote,
dâ mit ir alle wurdet gevalt,
ich gebiute dirz bî gotes gewalt
65 und bî gotes zorn dâ bî,
und swie vil der gebote sî,

---

41 ê *f. M*; So sag ich uch v. r. *L.* 42 mînen *f. L.* 44 bins *L.* 45 Jn fraget *L.* 46 do (da *W*) w. *MW*; W. sin gewerftez w. *H*, Wa sin gewerb w. *L. Nach* 46: Dez antwurt jm der tüfel zehant Ez sol dir werdñ wol erkant *L.* 47 Vñ wil dich ez w. l. *L.* 48 dise *H.* 49 Das ist es h. *L.* 50 Was *L.* 51 d. hevte n. *H.* 53 ez s. *M*, daz s. *L.* 54 Das d. *L*; d. heute *M*; ze nemende *W*, ze nement *L*; beschâch *L.* 55 w. ich vñ *A*; w. vntz *HL*, w. och *W*; diser m. *H*, der m. *L.* 56 tun *ML.* 57 [V]nd gebut och dir *L.* 58 komest *HMWL.* 59 E du mich hüt hie *L.* 61 Da g. *W.* 62 deme lebenden g. *W.* 63 alle *f. HL*; werdent bestalt *L.* 64 Vñ g. *A*; ez dir *H*, dir by *L.* 65 Und *f. MW.* 66 wie *L.*

diu iemer müezen vür sich gân,
den ir niht muget widerstân,
weder du noch die genôze dîn.
70 dâ bî müeze ez dir geboten sîn.
ich gebiute dirz bî gotes gerihte,
daz du nemest ze mîner gesihte,
swaz man dir hiute gebe.»
«ouwê, daz ich iender lebe!»
75 sprach der tîvel zehant,
«du hâst mich in sô starkiu bant
beidiu gevangen und gebunden,
daz ich ze manigen stunden
sô grôze nôt nie gewan.
80 swaz ich dar nâch gedenken kan,
sô enweiz ich niender den list,
wâ vür ez dir guot ist.
sît ez dir âne vrume sî,
sô lâ mich dirre dinge vrî.»
85 der rihtære sprach: «des entuon ich niht.
swaz mir dar umbe geschiht,
daz muoz mir allez geschehen.
ich wil dîn nemen hiute sehen.»
der tîvel sprach: «ez muoz ergân.
90 daz du michs niht wil erlân,
daz ist mir swære unde leit;

---

68 D. du nit macht *L*. 69 Du n. *W*, Vnd dar zu die g. *L*; genozen *HWL*. 70 mvz *HW*. 71 Vnd g. *L*; dir *HL*. 72 nemest *f. L*; angesicht *L*. 73 Nemest was m. *L*; hie g. *H*. 74 iendert *L*. 76 m. an ain starck b. *L*. 77 Beidiu *f. HL*. 79 Grösser n. *L*. 80 Das *L*; der n. *H*. 81 Sonen *H*, So *MWL*; weiz *HMWL*; niendert *L*. 82 Das fur dich g. *L*. 83 frvmen *HML*. 84 laz *ML*. 85 Der Ritter *H*; s. daz *L*; tun *ML*. 86 Was *L*; beschicht *L*. 87 mir *f. L*; beschächñ *L*. 88 Ich muz *MW*; w. ez g^{e}ne s. *L*. 90 Sit du mich sin (ez *W*) n. *MW*; wilt *HMW*. *Statt* 89.90: Syd mich syn deñ nit wilt erlan   So müß es hüt also ergan *L*. 91 D. du wirt ser vñ l. *L*.

>   bekandestu die wîsheit,
>   du liezest dîn twingen mich sîn.
>   beidiu dîn genôze und die mîn
> 95 die tragent ein ander grôzen haz
>   und enwerdent dar an niemer laz.
>   des soldestu mich lâzen varn,
>   woldestu dîn reht bewarn.»
>   dô sprach der rihtære:
> 100 «ezn sî dir nie sô swære,
>   daz ich mit dir gân wil.
>   ez werde wênic oder vil,
>   swaz dir hiute wirt gegeben
>   mit willen, âne widerstreben,
> 105 daz wil ich dich sehen nemen.
>   ob ez mir solde missezemen,
>   ich erlâze dichs benamen niht.
>   sprichestu aber dâ wider iht,
>   daz wære alsô guot verborn.»
> 110 «nu lâ belîben dînen zorn»,
>   sprach der vervluochte geist,
>   «dâ du vil lützel umbe weist,
>   des vindest du noch hiute ein teil.»
>   dô wart er vrô unde geil;
> 115 daz er dâ wunder solde sehen,

92 Er kentest dv *H*, Bedarfestu *L*; die / *L*; warheit *MW*. 93 mich din t. *W*. 94 gnozsen *W*; Min genoze vñ die din *H*, Dar vm̄ die genossen min *L*. 95 Die / *L*; an ein a. *M*. 96 werdent *HMWL*. 97 soltv *A*, soltest m. *L*. 99 So *H*. 100 Ez ist d. *MWL*; nicht swere *MW*. 102 Sin w. *WL*, Ez si w. *H*; ode *A*. 103 d. hie h. *H*; geben *M*; Was d. hüt hie w. gebñ *L*. 105 Dez w. i. war n. *M*. *Statt* 104–106: Solt ez mir gan an daz lebñ Das wil ich sechñ an Vnd solt es mir miß gan *L*. 107 Ichn e. ez dich *H*; dich sin *M*; Ich laß dich mit namē n. *L*. 108 Vnd s. *L*, Sprichest *A*; aber / *HL*; dar w. *AH*. 109 als g. *HML*. 110 La nv *M*; Nü la dü varn d. *L*. 111 geisteit *W*; Do s. der vil böß g. *L*. 113 D. bindestu *AM*, D. enphindest du *W*, Daz bevinst n. *L*; seil *AM*. 114 waz er *M*; Daz dovcht (tunckt *L*) den Richter ein heil *HL*. 115 Was er w. *L*; da (dar *MW*) vnder *AMW*.

Der Stricker

dâ was im liebe an geschehen.
In die stat giengens iesâ.
dô was des tages market dâ
und was dâ liute genuoc.
120 dem rihtære man dâ truoc
vil manic trinken an die hant.
dône was dâ nieman bekant,
wer sîn geselle wære.
dem bôt der rihtære;
125 der tîvel wolde es aber niht.
dô ergie ein sô getân geschiht,
daz einem wîbe geschach
von einem swîne ein ungemach.
daz treip si balde vür ir tür.
130 «nu ginc dem tîvel hin vür!»
sô sprach daz zornige wîp,
«der neme dir hiute dînen lip.»
der rihtære sprach: «geselle mîn,
nu nim vil balde daz swîn!
135 ich hœre wol, daz man dirz giht.»
«ezn ist ir ernst leider niht»,
sprach der tîvel wider in,
«ich vüerte ez williclîche hin,
gæbe si mirz mit der wârheit.

---

116 im leidt *A*, im nicht leit *M*; Daz wundˢ daz da sölte geschehen *W*.
117 giengen i. *H*; giengen si sa *MWL*.   118 Da *AW*; m. do *W*; Dez waz dez tagez marckt tag da *L*.   119 waren *W*; do l. *M*, der l. da *HL*.
120 dar t. *H*, do t. *M*.   122 Donen *H*, Do *ML*, Da *W*.   123 Der *L*.
124 Do bott jm d. *L*. *Nach* 124: Daz trincken och an der stunt Er tät ez aber nit an munt *L*.   125 Wan d. *L*; woldes *A*, wolt sin *HWL*, wolde dez *M*.   126 Do e. da sochtan g. *L*.   127 w. daz beschach *L*.   128 eime *A*; ein *f. MW*.   129 di t. *MW*.   130 gang *L*; zv dem *MWL*; balde h. *M*.   131 Da s. *W*, Also s. *L*.   132 dir lebñ vnd l. *L*.   134 Nu gang dar vñ nim d. s. *L*.   135 Ir horet *H*; m. dir (*f. L*) sin *HWL*, sein dir *M*; git *A*.   136 Ez *HMWL*; leider ir (*f. L*) e. *MWL*.   139 mir ez *H*.

140 næme ich irz, ez wære ir leit.»
dô giengens an den market baz.
dâne weiz ich aber, waz
einem andern wîbe geschach,
daz si ze einem rinde sprach:
145 «dem tîvel sîstu gegeben,
der neme dir hiute dîn leben!»
dô sprach der rihtære:
«nu hœrestu wol daz mære,
daz dir daz rint gegeben ist.»
150 «ez irret ein vil karger list»,
sprach der tîvel aber dô,
«si wære ein jâr dar umbe unvrô,
würde si des innen,
daz ich ez vüerte von hinnen.
155 ichn ruoche, waz dâ geredet sî;
dâne was der ernst niender bî.
ichn hân niht an dem rinde.»
dô sprach ein wîp ze ir kinde:
«dune wil niht tuon durch mich,
160 der übel tîvel neme dich!»
«nu nim daz kint!» sprach der man.
«ichn hân dâ rehtes niht an»,
sprach der tîvel sâ zestunt,

---

140 ich ez ez *H*; vil l. *H*. 137–140 *ersetzt L durch* 151–154. 141 Sie giengen *HL*; giengen si *MW*. 142 Danen w. *H*, Do enweiz *MW*; ich niht a. *H*; Da der lüt vil waz *L*. 143 andern *f. MW*; aber g. *W*; beschach *L*. 145 ergebñ *L*. 146 d. lib vñ l. *L*. 148 Du horest w. *W*; die m. *H*. 149 ditz r. *H*; gebñ *L*. 150 In i. *A*, Ez lert eins v. *L*. 152 dar vmb ein iar *M*; dar umbe *f.W*. 153 Vñ w. *H*; Weñ sy dez w. *L*. 154 ichz *M*; ez hette *L*; von *f. W*. 155 Ich enrůch *MW*. 156 Da *MW*; e. niht dabi *W*. 155.156 *fehlen H*. *Statt* 155.156: Jr ist nit ernst dar zu   Waz ich anderswa nü thü *L*. 157 Ich *MW*, So han ich n. *L*. 158 zir *A*; zu ainem k. *L*. 159 Dvnen *H*, Dv *MWL*; wilt *HMWL*; n. lassen d. *L*. 162 Ich *MWL*; da nicht r. *MW*, da laider nit an *L*. 163 So s. *A*, Do s. *MW*; da z. *L*.

«si næme niht zwei tûsent pfunt,
165 daz si mirs alsô gunde,
daz ich michs underwunde.
ich næme ez gerne, möhte ich.»
dô giengens alsô vür sich
unz enmitten an den market.
170 der was alsô gestarket,
daz si dâ wâren alle gar,
die des tages wolden dar.
dâ begunden si stille stân.
dô begunde ein witwe zuogân;
175 diu was beidiu siech und alt.
ir unkraft was manicvalt;
des was grôz ir ungehabe.
si gie vil kûme an einem stabe.
dô si den rihtære anesach,
180 si begunde weinen unde sprach:
«wie was dir sô, rihtære,
daz du sô rîche wære
und ich sô arme bin gewesen,
und du niht trûwetest genesen,
185 dune habest mir, âne schulde
und âne gotes hulde,
mîn einiges küelîn genomen,

---

164 n. tausent p. *MW*, n. zechn̄ p. *L*.   165 mir ez a. *H*, mir sin g.
WL.   166 Vn̄ m. *L*; mich sin *HMWL*.   167 g. vn̄ m. *W*.   168 giengen
si *HMWL*; si abˢ fur *MW*.   169 Byß *L*; mitten *HMW*; vff d. *L*.
170 erstarkte *M*, erstarket *W*, starck *L*.   171 Das sy gar warent
komen har *L*.   172 sölten *W*.   173 Do *M*; begundt *A*.   174 Vnd
b. *M*, Da b. *W*; Ain wib begund zu jm g. *L*.   176 Vn̄ (Ir *L*) armvt
HL; die w. *L*.   177 D. wart *H*; vil g. *L*; ir *f*. *H*; vngemach *L*.
178 vil *f*. *MW*; eime *AW*.   179 an gesach *W*.   178.179 *fehlen L*.
181 O we dir r. *HL*.   184 du *f*. *W*; trouwest nicht *M*, getorhdest niht
W, nit trüwest *L*.   185 Dvnen *H*, Dv *MWL*; hast *M*; an mir a. *A*;
an alle *W*.   186 wider g. *MW*.   187 M. eines *H*, armes *MW*, aigens *L*.

dâ von ez allez solde komen,
des ich armiu solde leben?
190 mirn ist diu kraft niht gegeben,
daz mir der lîp sô vil tüge,
daz ich dar nâch gân müge,
dâ man mirz gebe durch got.
des enhâstu niht wan dînen spot.
195 nu bite ich got durch sînen tôt
und durch die grimmiclichen nôt,
die er an sîner menschheit
durch uns arme alle erleit,
daz er gewer mich armez wîp,
200 daz dîn sêle und dînen lîp
der tîvel müeze vüeren hin!»
dô sprach der tîvel wider in:
«der rede ist ernst, nu nim war!»
er gevienc in vaste bî dem hâr
205 und begunde ze berge gâhen,
daz ez alle die anesâhen,
die an dem market wâren.
im mohte diu vart wol swâren.
er muose kumberlîcher varn
210 denne daz huon mit dem arn.
dem tîvel wart von dannen gâch;
die liute sâhen im alle nâch.

---

188 Da ez (Do daz *H*) allez von *AHL*. 189 vil s. *HL*. 190 Mir ist *MW'L*; geben *ML*. 191 min l. *M*; so wol t. *L*. 192 gigen m. *A*, gegen m. *W*; D. ich mich dar nach m. *L*. 193 mir iz *H*, mir iht *W*. 194 Desn *H*; hast dv wan *H*; nvwen d. *W*. 196 die *f. W*; grimmeliche *HL*, grimmigen *MW*. 198 armē sünder *L*; leit *HMWL*. 200 vnd ouch *MW*; din l. *AMWL*. 201 D. übel t. für h. *L*. 203 Des ist e. *H*, Sich daz ist e. *L*; nu *f. HW*. 204 greif *HL*, vienk *MW*; in rechte *M*; in daz h. *AHL*. 206 di sahen *MW*. 208 In *HMW*; v°smahen *W*. 209 mvste *HMW*; kvmmerlichen *WL*. 210 ain h. *L*. 211 von danne *HM*. 212 s. allez n. *MW*. 212 *folgt in A erst nach* 214 211.212 *fehlen L*.

>
> ichn weiz, waz dar nâch geschach,
> dâ man in aller verrest sach.
> 215 dâ endet sich daz mære.
>   Alsô was der rihtære
> mit sige worden sigelôs;
> er wânde vinden und verlôs.
> ez ist ein unwîser rât,
> 220 der mit dem tîvel umbegât.
> swer gerne mit im umbevert,
> dem wirt ein bœser lôn beschert.
> er kan so manigen grimmen list,
> daz er vil guot ze vürhten ist.

---

213 Ich *MWL*; nicht w. *ML*; da nach *A*; beschach *L*.   216 Svst *HL*; wart *AW*.   218 w. gewinen *L*; er v. *HWL*.   219 vil vnwiser *MW*. 220 mit tevfeln *H*.   221 Werr g. *L*.   223 k. vil m. *M*, k. manigen *W*; argen l. *L*.   224 Daz er vil wol *M*, Dᵉ vil wol *W*, Das er wol *L*. *Nach* 224: Daz wart wol an dem richtär schin   Got loß vns von der helle pin *L*.

XV

Der arme und der reiche König

Zwêne künige wâren zeiner zît,
die grôzen haz unde nît
ein ander truogen beide.
dem rîchen dem was leide,
5 daz der arme iht behielt.
wan daz er grôzer sinne wielt
und micheler vrümikeit,
er hæte in dicke hingeleit.
dô was er biderbe unde wîs;
10 dâ von bejagete er solchen prîs,
daz in der rîche niht vertreip
und er wol bî sînen êren beleip,
unz der rîche künic starp.

Dô sîn sun die krône erwarp,
15 dô wolde ouch er den armen an.
daz widerrieten sîne man
und swuoren im vil sêre,
daz sîn vater nie dehein êre

XV. *A* 47 (*Bl.* 32vb – 33vb)   *H* 156 (*Bl.* 278 vb – 280ra)   [*K* 148]
Überschrift: Ditz ist ein hvbsche ler   Von zwein kvnigen her *H*.
1 ze einer *A*.   4 D. einē *A*; richern was *H*.   5 armer *H*.   7.8 *fehlen H*.   11 richer *H*.   12 er *f. AH*.   15 er ovch *A*; a. han *H*.   18 kein *H*.

an im kunde bejagen.
20 «ir enkunnet nieman gesagen»,
sprâchen sîne râtgeben,
«war umbe ir welt mit leide leben.
er hât iu leides niht getân;
des sult ir in geniezen lân.»
25 der künic vil zornicliche sprach:
«mir ist ein solch ungemach
geschehen von sînen schulden,
ern kome es ze mînen hulden,
ich riche ez an im iemer.
30 der râche erwinde ich niemer,
unz ich im sîn êre benime.
mir ist getroumet von ime
unsanfte und alsô swære,
daz er mir offenbære
35 nâch mînen êren büezen muoz,
oder im wirt des niemer buoz,
ern müeze haben allen tac
den strît, den ich geleisten mac.»
daz begunde den wîsen allen
40 vil sêre missevallen,
daz er sô grôze ungedult
begie umbe ein sô kleine schult.
er nam ir râtes niht war
und sande sînen boten dar.
45 Der quam dâ er den künic vant.
ein wazzer schiet ir zweier lant,
sô grôz, daz ez grôziu schif truoc.
dô der bote dort gewuoc,
waz dar bî im enboten was

---

20 Im chvnde n. *A.* 23 Ern *H.* 26 ein so groz *H.* 28 chom sin *A.* 31 genim *H.* 34 mirs *H.* 36 Ode *A.* 41 sô *f. A.* 42 Begiench vmb also *H.* 45 Er *H;* künic *f. A.* 47 ez *f. A.* 49 dar mit im *H.*

50 und man den brief dar zuo gelas
    und der brief des selben jach,
    der künic zuo dem boten sprach:
    «nu sage dem herren dîn daz,
    treit er mir deheinen haz,
55 daz wil ich gerne stillen.
    er hât mit mînem willen
    dehein sîn laster nie gesehen.
    ist ez unwizzende geschehen,
    daz büeze ich vlîziclîche.
60 ich bin vil wol sô rîche
    beide ritter unde guotes
    und lîbes unde muotes,
    daz ich im buoze niht versage.
    von hiute über vierzic tage
65 heiz in her an ditz wazzer komen.
    swenne sîn klage wirt vernomen,
    si sî krump oder sleht,
    ich wil im büezen über reht.»
    der bote dâ mit urloup nam.
70 dô er zuo sînem herren quam
    und er vernam disen tac:
    «swaz ritter ich nu gehaben mac,
    die müezen», sprach er, «alle dar.
    wirde ich danne dâ gewar,
75 daz er mir iender widerstât,
    ich nime im allez, daz er hât.»
      Dô si des tages beide erbiten,
    zuo dem wazzer si dô riten,
    daz ir zweier künicrîche schiet.
80 der ärmer künic dô geriet,
    daz ietweder zwelf ritter nam

---

51 Vñ ovch *H*. 53 dinem h. *H*. 54 keinen *H*. 56 Ern *H*. 57 Kein *H*. 58 vngewizzent *H*. 59 willicliche *H*. 67 ode *A*. 72 ich nv r. haben *H*. 78 dô *f. H*. 81 ietwederre *A*; zwelef *H*.

und gevarn in einem schiffe quam
ûf einen wert wolgetân;
den sach man in dem wazzer stân.
85 dar begunden si beide gâhen.
dô si an ein ander sâhen,
der ärmer sprach: «lât mich verstân,
durch got, waz hân ich iu getân?»
dâ wider sprach der rîche:
90 «iu ist bescheidenlîche
mîn brief und ouch mîn bote komen;
die hât ir beide wol vernomen.
geloubet ir den niht beiden,
sô wil ichz iu bescheiden
95 und wil der wârheite jehen.
mir ist ein leit von iu geschehen,
des ich billîche enbære:
mir ist ein troum sô swære
von iu getroumet benamen,
100 daz ich michs wolde iemer schamen,
irn büezet mir den ungemach,
der mir des nahtes geschach.»
dô hâte der ärmer daz bedâht,
daz er vil ritter hâte brâht,
105 die besten über allez sîn lant,
und diu besten ros, diu man vant.
diu ros hâtenz überschriten
und wâren ûf daz stat geriten;
der stuont daz velt allez vol.
110 dâ sach man in dem wazzer wol
der ritter schat begarwe

---

82 gevarnde *A*. 86 sie e. a. an s. *H*. 89 Dar w. *A*. 91 M. bote vñ o. m. brief *H*. 93 dem *A*. 94 ich ez *H*. 100 mich ez i. w. *H*. 101 daz vngemach *H*. 102 Daz m. *H*. 103 h. er d. *H*. 106 schônsten *H*; man *f. A*. 108 den stade *H*. 110 Do *H*. 111 garwe *H*.

und ouch der rosse varwe.
des nam der ärmer künic war
und zeicte im mit der hant dar
115 in daz wazzer an den schate.
er sprach: «ich hân des guote state,
daz iu hie reht von mir geschiht.
mich ensûmet ouch der wille niht.
sît ir sô grôzes leides jehet,
120 swaz ir der ritter iender sehet
in dem wazzer über al,
hin ûf unde her zetal,
die sint mir alle undertân,
daz sint die besten, die ich hân,
125 die vüeret gevangen von hinnen
und lât si danne gewinnen
iuwer hulde, sô si næhest megen.
dâ mit wil ich hinlegen
daz leit, daz iu von mir geschach.»
130 der rîcher künic dô sprach:
«wer möhte die berüeren
oder iender gevüeren
sît si alle niuwan schate sint.
ich wæne, ir habet mich vür kint,
135 daz ir mîn spotet alsô.»
der arme künic sprach dô:
«nu hât ir mir doch verjehen,
daz ez in troume sî geschehen,
daz leit, daz ir von mir kleit.
140 sît ir mir selbe hât geseit,
daz iuch ein schate hât gemuot,
ob daz ein schate widertuot,

---

112 Vñ aller der r. *H.* 115 die schaten *H.* 116 staten *H.* 120 ir da r. *H.* 122 oder hin zv t. *H.* 126 siv *A.* 127 mv̊gē *H.* 130 riche *H.* 132 O. hin g. *H.* 133 Sint iz allez n. schaten *H.* 136 ærmcr *H.* 139 claget *H.* 140 gesaget *H.*

>   diu buoze ist eben unde sleht;
>   die sult ir nemen (daz ist reht).
> 145 geschiht iu von mir iemer mê
>   in deheinem troume alsô wê,
>   sô komet aber her zuo mir;
>   die selben buoze vindet ir
>   ze allen zîten hie bereit.
> 150 welt ir grôze rîcheit
>   mit iuwern troumen bejagen,
>   sô sult irs alden wîben sagen.
>   die sagent iu wærlîche,
>   daz ir sælic unde rîche
> 155 werdet unde dar zuo alt.
>   der vrume ist danne drîvalt.
>   sus wart sîn spoten sô grôz,
>   daz sîn den rîchen verdrôz.
>   der vuor zorniclîche dannen
> 160 und sagete sînen mannen
>   vil rehte, waz diu rede was.
>   daz er von spote dô genas,
>   dâ muose ein wunder an geschehen.
>   si begunden alle samt jehen,
> 165 der iemer denken solde,
>   wie man im büezen wolde,
>   der kunde niht bezzers vinden.
>   dô muose der künic erwinden.
>   daz wazzer was sô werhaft,
> 170 hæte er dannoch grœzer kraft,
>   ez hæte der ander wol erwert.
>   Swer âne wîsheit ûzvert,

---

146 keinem *H*; so *H*; wê *f. A*. 148 vindē wir *A*. 149 Allezit *A*. 151 trewen *H*. 152 ir si *H*. 157 Svst *H*. 158 ez d. r. bedroz *H*. 161 r. daz d. *A*. 163 mvz *AH*. 164 Si mvsen a. *A*. 165 gedenchen *A*. 167 bezz' *A*. 168 mvste *H*. 169 w. wer so *H*. 170 groze *H*. 172 nv vert *A*.

        tuot der die widerkêre
        âne vrume und âne êre,
175   dâ ist niht wunders bî gewesen.
        swer sînes willen wil genesen
        und âne guote witze lebet,
        swâ der nâch vremden êren strebet,
        die herte sint ze werben,
180   des gewerft sol wol verderben.
        man verliuset der unwægen spil
        von den schulden harte vil,
        daz si alle tumbe sinne hânt,
        die daz unwægeste anegânt.

---

173 T. er *H*.   175 Donen i. *H*.   180 Der g. *A*.

XVI

Der Weinschwelg

    Swaz ich trinkens hân gesehen,
daz ist gar von kinden geschehen:
ich hân einen swelch gesehen,
dem wil ich meisterschefte jehen.
5 den dûhten becher gar enwiht,
er wolde näpfe noch kopfe niht,
er tranc ûz grôzen kannen.
er ist vor allen mannen
ein vorlouf aller swelhen.
10 von ûren und von elhen
wart solher slünde nie niht getân.
ez muose alle zît vor im stân
ein grôziu kanel wînes vol.
er sprach: «wîn, ich erkenne dich wol!
15 ich weiz wol, daz du guot bist.
die wîle dîn in dem vazze iht ist,
sô wil ich bûwen dise banc.»
    dô huob er ûf unde tranc:

    XVI. *A* 271 (*Bl.* 173va – 175vb)   *bb*   [*eine stark abweichende jüngere Bearbeitung: c* 73]

    10 owern *A*.   12 mvz *A*.   13 groze *A*.   14 enchenn *A*.

Einen trunc von zweinzec slünden.
20 er sprach: «nu wil ich künden,
waz tugent du hâst, vil lieber wîn.
wie möhtestu tugenthafter sîn?
du hâst schœne und grôze güete,
du gîst uns hôchgemüete,
25 du machest küene den zagen.
swer dîn wâfen wil tragen,
der wirt wîse unde karc,
er wirt snel unde starc,
er fürhtet niemens drô.
30 du machest die trûrigen frô,
du gîst dem alten jungen muot,
du rîchest den armen âne guot,
du machest die liute wolgevar.
du bist ouch selbe schœne gar,
35 du bist lûter unde blanc.»
dô huob er ûf unde tranc:
Einen trunc, der für die andern gie.
er sprach: «war umbe oder wie
solde ich den wîn vermîden?
40 ich mac in wol erlîden,
sît er allen mînen willen tuot.
er dunket mich bezzer denne guot;
ich geniete mich sîn nimmer.
ich wil in loben immer
45 für bûhurdieren und für tanz.
krône, tschapel unde kranz,
pfelle, samît und scharlât,
swaz gezierde disiu werlt hât,
die næme ich niht für den wîn.
50 in hât in dem herzen mîn
mîn minne alsô behûset,

---

20 ich *f. A*. 22 tugenthafter *A*. 30 trorigen *A*. 34 schônpar *bb*.

versigelt und verklûset:
wir mugen uns niht gescheiden.
swer mir in wolde leiden,
55 der müese immer haben mînen haz.
er kürzet mir die wîle baz
denne sagen, singen, seitenklanc.«
dô huob er ûf unde tranc:
 Einen trunc noch grœzer denne ê.
60 er sprach: «gras, bluomen unde klê
und aller krûte meisterschaft,
die würze und aller steine kraft,
der walt und elliu vogelîn
diu möhten dîn, vil lieber wîn,
65 die liute niht ergetzen.
si möhten dich niht ersetzen
mit allem dem, daz si kunnen.
ich wil dir gerne gunnen,
daz du mir kürzest die zît.
70 swaz fröuden mir diu werlt gît,
diu kumt vil gar von dîner tugent;
dîn lop hât immer jugent,
dîn werdekeit wirt nimmer kranc.»
dô huob er ûf unde tranc:
75 Einen trunc alsô starc,
und solde er eine halbe marc
ze lône dâ mit verdienet hân,
ern dörfte niht bezzers hân getân.
er sprach: «beidiu ich und der wîn
80 müezen immer ensamt sîn.
mir ist an im gelungen;
er hât mich des betwungen,
daz ich ie tet, swaz er mir gebôt.

---

 59 dann *A*. 64.65 Die mohten dich niht vil lieb⁕ win Die liute ergetzen *A*. 73 wir n. *A*. 78 Er *bb*. 83 ich *f. bb*.

der wîn ist guot für manige nôt.
85 künde er niht wan fröude geben,
diu werlt solde immer gein im streben.
sîn fröude ist vor allen dingen.
ich wil nâch fröuden ringen.
sît mir der wîn fröude gît,
90 nu wil ich trinken unz an die zît,
daz er mir sô vil fröuden gebe,
daz ich mit fröuden immer lebe.
wie kan ich denne verderben?
ich wil nâch fröuden werben.
95 des habe mîn lîp immer danc!»
dô huob er ûf unde tranc:
    Daz man nie solhes niht vernam.
er sprach: «der herzoge Iram
der was gar âne wîsheit,
100 daz er einem wisent nâchreit,
er und sîn jäger Nordiân;
si solden den wîn gejaget hân,
sô wæren si wîse, als ich bin.
mir ist vil samfter denne in.
105 ich kan jagen unde vâhen,
mich enmüedet niht mîn gâhen.
ich jage den vil lieben wîn;
des jäger wil ich immer sîn.
er hât mir ie sô wol getân.
110 swaz ich sîn her getrunken hân
und swaz ich sîn naht unde tac
in mînen lîp geswelhen mac,
daz ist wan ein anevanc.»
alrêst huob er unde tranc:
115   Vil manigen ungefüegen slunt.
er sprach: «wîn, mir ist dîn tugent kunt.

---

90 ringen *A*.   98 yram *A*.   103 pin *A*.   111 nach *A*.

ich erkenne wol dîne kraft,
dîn kunst und dîne meisterschaft.
du bist meister der sinne,
120 du liebest mir für die minne,
du machest stæte manigen kouf,
du machest manegen wettelouf,
du machest maniger hande spil,
mit fröuden kurzewîle vil.
125 diu werlt ist gar mit dir erhaben.
du kanst die durstigen laben,
du machest die siechen gesunt.
sît du mir êrste würde kunt,
sô bin ich dir gewesen bî:
130 swie vil dîner diener sî,
daz mich doch niemen von dir dranc.«
dô huob er ûf unde tranc:
Daz die slünde lûte erklungen
und an ein ander drungen.
135 dâ wart von starken slünden
ein sturm, daz von den ünden
diu drozze wart ze enge,
daz sich von dem wâcgedrenge
diu güsse begunde werren,
140 blôdern unde kerren
als ein windesprût ûf dem mere.
dâ wart mit hurteclicher were
versuochet maniges slundes kraft.
er sprach: »daz ist ein meisterschaft,
145 daz ich noch niht getrunken hân.
mîn kunst ist alsô getân,
daz ich mich niht vergâhe
und ez müezeclîche anevâhe,

---
120 für *f. A.* 121 mangē steten chauff *bb.* 125 werlde *A.*
128 erst *A.* 129 gewesin *A.* 134 ane *A*; ein *f. A.* 141 wides sprovt
A. 147.148 vᵉgahen: ane vahen *A.*

durch daz ich ez lange trîben wil.
150 ich lebe wênic ode vil,
mir wirt trinkens nimmer buoz.
habe iemen einen ringen fuoz,
der bringe mir guoten aneganc.»
dô huob er ûf unde tranc:
155 Als er nimmer wolde erwinden.
er sprach: «wâ sol man vinden,
swenne ich erstirbe, einen man
der trinke, als ich trinken kan?
mîn habent alle trinker êre.
160 man sol mir danken sêre,
daz ich ir leben sô ziere.
der besten trinker viere,
die volgent mir wan einen tac.
ich kan wol trinken unde mac;
165 ich hân künste unde kraft.
mîn herze ist sô tugenthaft,
daz ez an trinken nie gehanc.»
dô huob er ûf unde tranc:
Einen trunc, der die andern übersteic.
170 dô stuont er ûf unde neic.
er sprach: «wîn, dir sî genigen!
ich trûwe mit dir wol gesigen.
die wîle du bist mîn nâchgebûr,
mir enschadet der schîme noch der schûr;
175 ich kan deheiner sorgen pflegen:
mir enschadet diu sunne noch der regen;
diu fröude bûwet mînen muot.
ich ensorge umbe êre noch umbe guot,
umbe friunde noch umbe mâge.

---

149 t•ben *A*.   153 b•nge *A*.   159 habnt *A*.   163 wan *f. A*.
166 tugenhaft *A*.   167 Da ez *A*.   170 s. e•m ovf *A*.   171 gengen
A.   172 trov *A*.   173.174 nahgebv̂re: schower *A*.   177 minet *A*.

180 ichn urliuge noch enbâge
und enruoche, wie blôz der walt stê.
mir enschadet der wint noch der snê,
der rîfe noch der anehanc.»
dô huob er ûf unde tranc:
185 Einen trunc, der grôze güsse truoc.
er sprach: «diu houwe und der pfluoc
diu müesen immer ledic sîn,
wessen die gebûren, daz der wîn
sô maniger êren wielte
190 und sô manic lob behielte.
erkanden si rehte sîn tugent,
si vertriben ir alter und ir jugent
bî dem wîne al gemeine.
nu erkennent si in vil kleine.
195 daz hân ich ze einem heile.
dâ von ist er wolveile.
daz machet mir mîn leben lanc.»
dô huob er ûf unde tranc:
Einen hundertslündigen trunc.
200 er sprach: «daz machet mich junc,
daz ich mîne trünke lenge
und den slünden des verhenge,
daz si swellent unde grôzent
und sô hurticlîchen stôzent,
205 daz die slege von den ünden
stürme hebent in den slünden.
swer mir êrste gab den wîn,
des lop müeze immer sælic sîn.
er hât mich wol gelêret.
210 er ist sîn immer geêret,

---

180 ich envrlivge *A*.   182 noh *A*.   186 sprac *A*.   187 Die *A*.
191.192 tvgend' : ivgend' *A*.   194 sī *A*.   199 hvnderslvntigen *A*.
203 snellent *A*.   206 Ein stvrme habent *A*.

wan mir ie wol an ime gelanc.»
dô huob er ûf unde tranc:
 Einen trunc langen und sô grôz,
daz sîn alle die liute bedrôz,
215 die ez hôrten unde sâhen.
er sprach: «ez wil im nâhen,
daz ich trinkens wil beginnen.
ich bin wol worden innen,
daz mir der wîn süezet
220 und mîn herze grüezet.
dâ wider biute ich mînen gruoz.
wîn, ich valle dir ze fuoz.
ich enphienge dich gerne, kunde ich, baz.
ich enphâhe dich immer âne haz,
225 du enphâhest mich, als tuon ich dich;
der anepfanc ist minneclich.
daz sî unser beider antfanc!»
dô huob er ûf unde tranc:
 Einen trunc, der begunde blôdern,
230 als daz wazzer ûf den flôdern
ûf allen kumpfmüln tuot.
er sprach: «daz ist ein süeziu fluot,
diu wäschet mir von dem herzen
unfröude unde smerzen.
235 er kan mich leides wol erjeten.»
dô begunde er springen unde treten
manigen sprunc seltsænen.
er sprach: «niemen sol des wænen,
daz er sich mir gelîche.
240 mîn herze ist sô vröuden rîche.
der wîn, der mich dâ machet junc,
dem wil ich springen einen sprunc.»
vrôlîchen er drîstunt ûfspranc.

---

223 e. dir g. *A*.

dô huob er ûf unde tranc:
245 Der trunc wart maniges trunkes wert.
er sprach: «ich bin der trinkens gert,
ich bin ein trinkender man,
der alsô sêre trinken kan,
daz ich allen trinkern angesige
250 und allen trinkern obgelige.
ich wart nie trinkens sat.
ich kom noch nie an die stat,
dâ ich getrünke mir genuoc.
wol der muoter, diu mich truoc!
255 sælic sî si küniginne!
sælic sî diu süeze minne
und diu wîle, dô si mich erranc!»
dô huob er ûf unde tranc:
Einen trunc, der wart swære.
260 swie grôz diu kanel wære,
si was zeinem trunke niht volgrôz,
wan man ze einer nôt ingôz.
er hiez et vaste inegiezen
und lie daz in sich vliezen,
265 daz dâ noch solhes niht geschach.
dô saz er nider unde sprach:
«der wîn ist rehte ein gimme.
ich hœre eine süeze stimme
in mînem houbet singen;
270 die hœre ich gerne klingen.
ez ist rehte, daz ich in krœne:
er singet mêre süezer dœne
denne aller slahte klingen
und aller vogele singen.
275 mir wart solhes nie niht bekant.
er singet sô wol, daz Hôrant

---
250 ob lige *A*.   256 svzziv *A*.   260 S. wol d. *A*.   261 ze einem *A*.
265 solhez *A*.

daz dritte teil nie sô wol gesanc.»
dô huob er ûf unde tranc:
    Daz die banc begunde krachen.
280 er sprach: «des muoz ich lachen,
des ist ze lachen harte guot;
daz krachen fröuwet mir den muot.
ez machet des wînes güete.
ich hân allez mîn gemüete
285 in den fröuden wol getrenket;
dar in hân ich mich gesenket.
ich sanc ie sît der stunde,
daz ich êrste trinken kunde
und mir der wîn sô wol geviel.
290 ich weiz wol, daz dehein kiel
in daz mere sô tiefe nie gesanc.»
dô huob er ûf unde tranc:
    Einen vierschrœtigen trunc.
er sprach: «ich bin worden junc
295 an lîbe und an muote.
wol mich», sô sprach der guote,
«daz ich sô gar ein meister bin
an trinken! seht, daz heize ich sin!
ich weiz wol: dâ ze Parîs,
300 ze Padouwe und ze Tervîs,
ze Rôme und ze Tuscân
vindet man deheinen man,
ich ensî sîn meister gewesen,
daz mir nie gein einer vesen
305 ir deheiner möhte gelîchen.
halt in allen diutschen rîchen
kom mir nie deheiner zuo,
der beidiu spâte unde fruo

281.282 gv̂te : mvte *A*. 282 frevt *A*. 291 I daz *A*. 293 vierschotigen *A*. 295 ane m. *A*. 299 datz paris *A*. 300 padu *A*. 303 gewesin *A*.

sô wol an trinken dûre.
310 wînes nâchgebûre
wil ich hiute und immer wesen.
mîn sêle muoz mit ime genesen.
im ist mîn sêle immer holt,
swenne er schœne als ein golt
315 von dem zaphen schiuzet.
vil wênic mich des verdriuzet,
swaz man sîn in mich giuzet;
vil wol mîn lîp des geniuzet.
man saget von turnieren.
320 vaste swelhen under vieren,
daz kan ich wol, des habe ich danc.»
dô huob er ûf unde tranc:
    Einen trunc, der vil grôz was.
er sprach: «swaz man ie gelas
325 von den, die minne pflâgen
und tôt von minne lâgen,
die wâren mir niht gelîche wîs.
wie starp der künic Pâris,
der durch Helenam wart erslagen!
330 des tumpheit sol man immer klagen.
er solde den wîn geminnet hân,
sô het im niemen niht getân.
vrou Dîdô lac von minne tôt,
Grâlanden sluoc man unde sôt
335 und gab in den frouwen ze ezzen,
want si sîn niht wolden vergezzen.
Piramus und Tispê,
den wart von minne sô wê
daz si sich rigen an ein swert.
340 mîn minne ist bezzers lônes wert,
denne ir aller minne wære.

---

309 tovre *A*.   315 den *A*.   333 Vro; minen *A*.

mîn minne ist fröudebære.
ich bûwe der minne strâze,
mir ist baz denn Turâze,
345 der von minne in dem sê ertranc.»
dô huob er ûf unde tranc:
   Einen trunc mit grôzer île;
der werte unz an die wîle,
daz im diu gürtel zebrast.
350 er sprach: «daz bant ist niht ein bast,
dâ mit ich zallen stunden
ze dem wîne bin gebunden.
daz ist mîn sælde und mîn heil,
und sint ouch driu vil starkiu seil:
355 daz eine ist des wînes güete,
daz ander mîn stæte gemüete,
daz dritte ist diu gewonheit.
er mac mir nimmer werden leit,
ich muoz in immer minnen.
360 ich mac im niht entrinnen.
wie zebræche ich einen sô starken stranc?»
dô huob er ûf unde tranc:
   Sô sêre, daz si alle jâhen,
die sîn trinken rehte ersâhen,
365 swaz er getrunken het unz dar,
des solde man vergezzen gar:
der trunc behielte gar den prîs.
er sprach: «diu werlt ist unwîs,
daz si niht ze wîne gât,
370 sô si deheinen gebresten hât,
und trünke dâ für allez leit,
für angest und für arbeit,
für alter unde für den tôt,
für siechtuom und für alle nôt,

---

343 bowe *A*.   348 wert *A*; ane *A*.   367 behilt *A*.

375 für schaden und für schanden slac,
und für swaz der werlt gewerren mac,
für nebel und für bœsen stanc.»
dô huob er ûf unde tranc:
 Sô sêre, daz sich diu kanel bouc.
380 er sprach: «swaz ie flôz ode flouc,
daz sol billîche erkennen mich.
die liute solten alle sich
ze mînem gebote neigen.
diu werlt ist gar mîn eigen.
385 ich hân gewaltes sô vil,
daz ich tuon, daz ich wil.
swaz ich wil, daz ist getân.
daz ich allen mînen willen hân,
dâ von heize ich Ungenôz.
390 mîne tugende sint sô grôz:
wære der werlde sô vil mê,
daz daz mer und ieslich sê
als guot wære als daz beste lant,
daz müese stên ze mîner hant
395 und müese mir dienen âne wanc.»
dô huob er ûf unde tranc:
 Sô lange und sô sêre,
sô vil und dannoch mêre,
sô vaste und sô harte,
400 daz sich daz hemde zarte.
er sprach: «des wirt guot rât.
ich weiz wol, waz dar wider stât;
ich kan wol wâfenen mich.»
er zôch einen hirzhals an sich
405 (den hiez er vaste brîsen),
dar zuo von guotem îsen

---

376 gewern *A*.   380 gevloz o. gevlouch *A*.   381 billich *A*.
389 heiz *A*.   392 isliche *A*.   401.402 gvte rate: dᵉwidᵉ state *A*.
403 wafen *A*.   405 *Lesung nach* er *unsicher*.

>   ein vestez banzier enge.
>   er sprach: »des wînes gedrenge
>   lât mich nu ungezerret.
> 410 ich hân mich sô versperret,
>   er enmac mich niht entsliezen.
>   des sol ich wol geniezen,
>   daz ich ze fröuden mînen lîp
>   getwungen hân, daz man noch wîp
> 415 sînen lîp sô sêre nie getwanc.«
>   dô huob er ûf unde tranc.

Bei Fragen zur Produktsicherheit wenden Sie sich bitte an:
If you have any questions regarding product safety,
please contact:

Walter de Gruyter GmbH
Genthiner Straße 13
10785 Berlin
productsafety@degruyterbrill.com